LA BELGIQUE

Socialiste et Communiste

BULLETIN COMMUNISTE

RÉDACTION

PARIS

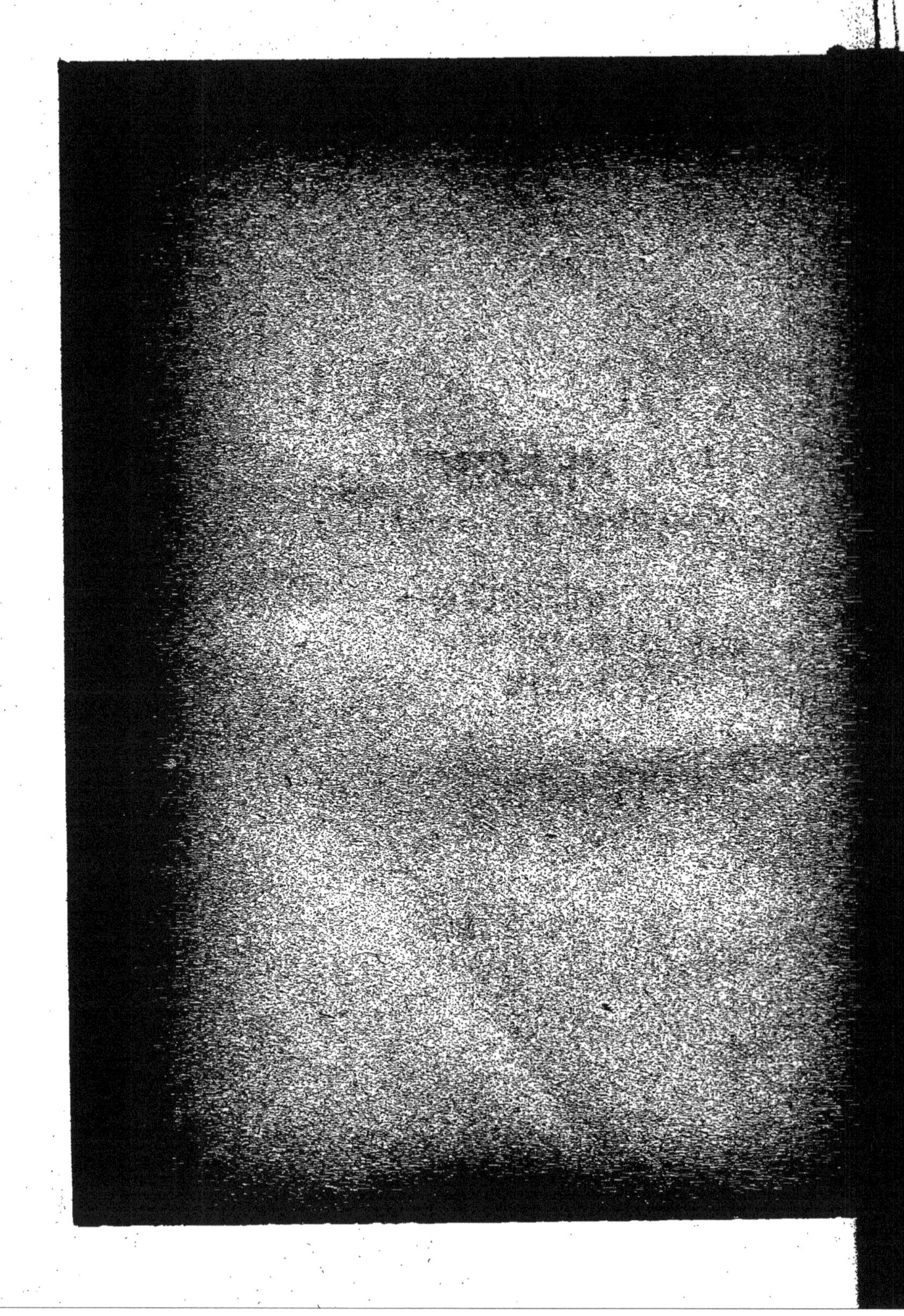

CH. MASSART

LA BELGIQUE
Socialiste et Communiste.

Préface d'Amédée DUNOIS

> La Belgique est le paradis
> des capitalistes et l'enfer des
> ouvriers.
>   Karl MARX.

1922

LIBRAIRIE DE L'HUMANITÉ
142, RUE MONTMARTRE, 142, PARIS

BULLETIN COMMUNISTE

RÉDACTION

PARIS

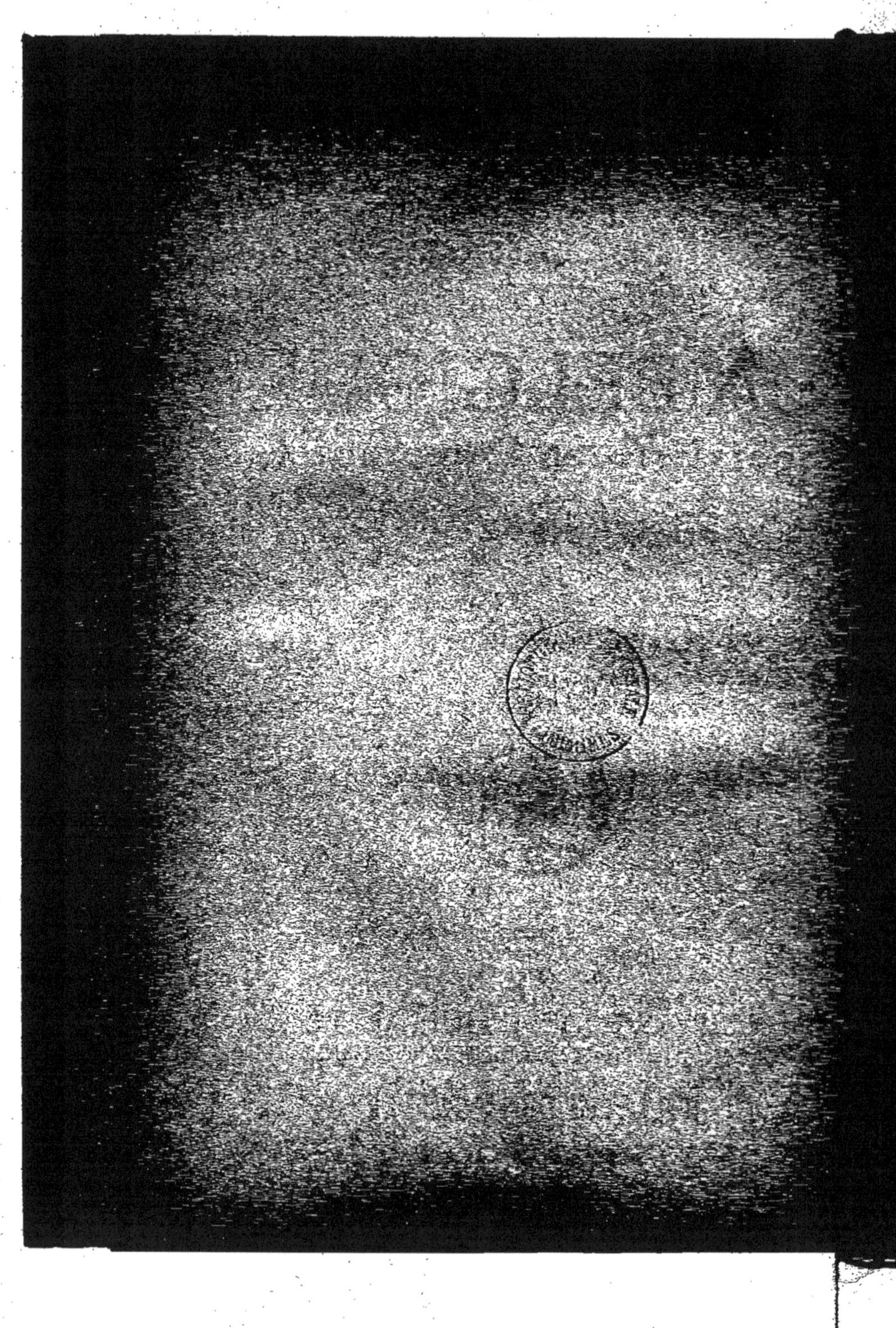

I

TABLE DES MATIÈRES

BULLETIN COMMUNISTE
RÉDACTION
PARIS

PRÉFACE

Bien que l'auteur de ce petit livre, notre camarade Charles Massart, ne prétende pas à la haute érudition, il a traité son sujet avec un tel scrupule de vérité vraie, qu'on se sent, avec lui, tout de suite en confiance et que le crédit qu'on lui accorde grandit, pour ainsi dire, de page en page. Et l'on se dit, en arrivant à la dernière, que ce n'est pas le hasard seul qui avait fait de Massart l'un des artisans les plus autorisés de cette Centrale ouvrière d'éducation créée en 1911 par le Parti ouvrier belge pour relever le niveau de la culture prolétarienne. Massart est né pédagogue — dans la meilleure acception de ce vieux mot; il n'a pas l'art seulement d'enseigner aux autres ce que les autres ignorent; il en a la vocation et le goût. Et maintenant qu'il a quitté son pays pour le nôtre, où l'attendait notre amitié, nous sommes heureux de penser qu'il pourra mettre, sans doute, tout ce qu'il possède d'aptitude et d'expérience au service de notre Parti communiste de France et qu'à l'exemple de la Belgique nous aurons bientôt, grâce à lui, notre Centrale d'éducation — qui sera chez nous comme le phare lumineux du communisme doctrinal, de ce « marxisme éternel » dont Massart, en une brochure publiée jadis à Bruxelles, a fort utilement popularisé les idées fondamentales.

Le petit livre qui paraît aujourd'hui est le premier d'une série où nous nous proposons de décrire le mouvement ouvrier, socialiste et communiste de tous les pays qui comptent dans l'Internationale. Le socialisme assurément est un — comme le prolétariat, comme la lutte de classes — mais les formes qu'il revêt se différencient avec les milieux nationaux où il s'organise et combat. Il n'y a qu'un socialisme, mais il y a des formes nationales du socialisme universel. Il importe de les décrire une à une et de les vulgariser. Il importe que les ouvriers de notre pays se familiarisent avec les luttes qu'ont soutenues, depuis un demi-siècle et plus, dans tous les pays soumis à la domination capitaliste, leurs frères de classe et de pensée. A constater que partout où il y a un prolétariat, partout aussi est engagé le moderne combat contre le Capital, leur foi dans les destinées de leur classe — dans ce que Marx appelait magnifiquement : la mission historique du prolétariat — en sera consolidée et accrue.

Le prolétariat belge est un de ceux qui ont créé les formes d'organisation et d'action les plus originales. Le Parti ouvrier belge n'offrait, dans sa structure et sa composition, que d'assez lointaines ressemblances avec les partis socialistes de la IIe Internationale : c'était un parti politique, à buts immédiatement électoraux et parlementaires, mais constitué par des organisations qui, les ligues ouvrières mises à part, n'avaient en elles-mêmes aucun caractère politique : syndicats professionnels, coopératives de consommation, sociétés de gymnastique, etc., organisations qui, toutes, avec leur fonction propre, marchaient sous un même drapeau, celui de l'affranchissement complet des travailleurs ; — et cet ample faisceau de sociétés ouvrières rappelait curieusement, par sa diversité, la Ire Internationale.

Le Parti ouvrier belge, admiré avant la guerre, à cause de son réalisme organisateur et de ses multiples institutions, a perdu aujourd'hui tout prestige. On s'est aperçu

qu'il lui manquait, de toutes les capacités, la plus haute et
la plus nécessaire : la capacité de combat. L'empirisme
réalisateur avait tué peu à peu en lui l'esprit révolutionnaire, le mépris du risque et du danger. C'est lui qui l'a
laissé, à l'heure de l'agression impérialo-capitaliste, complètement désarmé devant la classe ennemie.

Tout est à recommencer en Belgique, après trente-cinq
ans d'opportunisme et d'impuissance. Il est bien vrai que
le Parti communiste y est, numériquement, des plus
faibles, mais il a pour lui d'être dans la vérité marxiste
et de réunir, au sein de ses sections naissantes, des
énergies actives et des cerveaux pensants.

L'avenir, en Belgique, est au Parti communiste ; tandis
que le Parti ouvrier, malgré ses six cent mille membres,
appartient déjà à l'histoire.

AMÉDÉE DUNOIS.

III

Avant-Propos

La III⁰ Internationale est définitivement constituée. Dans tous les pays du monde où le Prolétariat était arrivé, avant-guerre, à s'organiser sous la forme social-démocratique, existe un Parti Communiste.

Or l'Internationale forme un tout. Elle n'est pas constituée par la réunion de partis communistes nationaux unis par un lien plus ou moins lâche, vivant chez eux d'une vie quasi indépendante et pouvant sans grand risque s'ignorer mutuellement; l'Internationale Communiste a une existence réelle, elle a une vie propre, particulière, qui n'est pas simplement la synthèse des vies des partis nationaux.

Il y a pour toute l'Internationale une doctrine commune, résumant des aspirations et des besoins identiques. Elle doit avoir aussi une vie commune, et chaque parti communiste doit se considérer comme membre du corps ouvrier mondial.

L'on peut dire, sans exagération, qu'une des différences fondamentales entre la II⁰ et la III⁰ Internationale c'est que la Deuxième n'existait que par l'action purement administrative de son bureau exécutif ou à l'époque de ses congrès, tandis que la Troisième, créée par la libre volonté des prolétaires, vit d'une façon permanente, sous une forme internationale, tangible, figurée par son bureau exécutif, organe actif d'exécution et de direction.

Il y a réellement aujourd'hui un Parti Communiste International, dont toutes les fractions sont étroitement solidaires et interdépendantes, et n'existent qu'en fonction de l'Internationale.

Dans « l'Internationale des ministres de rois », au contraire, ce sont les partis nationaux qui font la loi et qui ne laissent à l'Internationale elle-même qu'une influence affaiblie et dérisoire.

Cette conception nouvelle de l'Internationale nous oblige à un redressement de mentalité douloureux pour certains, mais indispensable. Elle nous impose une discipline impérieuse mais nécessaire. Elle nous crée le devoir strict de nous « dénationaliser », de nous habituer à regarder avec sympathie les efforts des travailleurs étrangers, de nous intéresser à leurs travaux, de les aider à renforcer leur action. Elle nous oblige enfin à considérer comme légitime et bienvenue la critique, saine et justifiée, que les camarades d'autres pays pourraient faire de notre action intérieure. Il ne faut pas que les frontières nationales que nous avons par la pensée abolies, autour de nos patries bourgeoises, se reconstituent — cercle plus infranchissable encore, — autour de nos partis communistes nationaux.

* * *

C'est dans cette pensée d'internationalisme total que cette étude a été composée. Il nous a paru utile de faire connaître plus particulièrement à nos camarades français en quoi consiste la Belgique et les faits principaux de son histoire socialiste et communiste.

La Belgique est un pays voisin de la France. La moitié de la Belgique — la Wallonie — est de race française et subit d'une façon profonde l'influence de sa grande voisine. Les points de contact sont nombreux entre les deux pays. Placée au carrefour des nations, la Belgique participe des caractères des grands pays qui l'environnent.

Le socialisme belge a subi, en Wallonnie surtout, l'influence très profonde de la Révolution de 89 et du socialisme français. En plus, la Belgique, pays très industrialisé et où la social-démocratie est encore puissante, est appelée, dans un avenir plus ou moins lointain, à voir le communisme, après des débuts difficiles, prendre une grande extension. Toutes ces raisons nous autorisent à mettre, en confiance, sous les yeux de nos camarades français, les pages qui suivent.

Est-il besoin de dire que nous en sentons mieux que personne toute l'insuffisance. Notre unique désir serait qu'elles pussent servir de point de départ — pour les studieux que la question intéresse — à une documentation plus complète.

IV. — Qu'est-ce que la Belgique ?

Nous ne pouvons songer à exposer l'évolution ouvrière de la Belgique sans faire connaître au préalable le milieu dans lequel cette évolution s'est effectuée.

La « conception économique », base de notre doctrine marxiste — nous enseigne que toute notre idéologie — philosophie, sciences, littérature, art, religion — n'est que la conséquence, le « reflet » du milieu économique dans lequel elle a pris naissance. Par « milieu économique » nous devons entendre d'abord l'*habitat*, lui-même, le milieu géographique et les ressources naturelles qu'il offre, et ensuite la *vie économique* que mènent ses habitants, c'est-à-dire les moyens dont ils disposent pour satisfaire leurs besoins matériels.

La formation et le développement de l'organisation ouvrière belge constituent, comme la suite de cette étude nous le démontrera, une confirmation éclatante de cette doctrine.

a) LA SITUATION ÉCONOMIQUE DE LA BELGIQUE

1. — Constitution du Sol

La Belgique est un petit pays de forme triangulaire de 29.456 km. carrés — le 1/18ᵉ de la France. Sous le rapport de l'altitude, elle peut être appelée un plan incliné, partant des dunes, à peu près au niveau de la mer du Nord — au N.-O. du pays, pour s'élever jusqu'au point culminant des Ardennes au S.-E. — La constitution du sol, qui joue un rôle très important dans l'économie agricole du pays, est très variée. Au nord se trouve la région des « polders », peu étendue, dont le sol est formé d'argile compacte; au sud de cette région on rencontre successivement une large zone très sablonneuse, puis une zone limoneuse, dont le sol est formé de sable et d'argile. Puis viennent la région condrusienne, très calcaire, l'Ardenne dont le sol est en général excessivement pauvre, et enfin, à l'extrême sud, est une zone peu étendue qui renferme beaucoup de terrains calcaires.

2. — Moyens de Communication

Deux fleuves importants arrosent la Belgique, la Meuse et l'Escaut. Sur ce dernier se trouve le port d'Anvers, un des plus importants du monde. Les cours d'eau de la Belgique sont reliés entre eux par un système très étendu de canaux dont la longueur totale est de 973 kilom. De plus, la Belgique possède le réseau de chemins de fer le plus complet qui existe au monde. La longueur totale des lignes s'élève à 4.604 kilom., soit 18,82 km. par 100 km. 2 du territoire. Viennent ensuite la Grande-Bretagne avec 13,9 km., l'Allemagne avec 9,77 et la France avec 7,29. Mais outre ses chemins de fer de grande communication, la Belgique possède un système de chemins de fer vicinaux très développés, mesurant 6.199 km. (1).

A l'exception de 346 km. appartenant à des compa-

---

(1) Kilom. de chemins de fer vicinaux par 100 km² de territoire : Belgique, 14,18; Grande-Bretagne, 0,23; Allemagne, 1,61; France, 1,11.

gnies, tous les chemins de fer de grande communication sont exploités par l'Etat.

Pour les chemins de fer vicinaux, le monopole de la construction et du contrôle appartient à une société connue sous le nom de « *Société Nationale des chemins de fer vicinaux* ».

Chose intéressante à noter, cette société n'exploite jamais elle-même ses lignes. Dès qu'une ligne est pourvue de son matériel roulant, les compagnies industrielles sont invitées à faire leurs soumissions pour son exploitation. La compagnie fermière s'engage généralement à verser à la Société Nationale une partie de ses recettes brutes (de 30 à 40 %). Lorsque la Société se propose de créer une ligne et qu'elle a fixé la somme qui lui est nécessaire, l'Etat prend l'engagement de souscrire la moitié des actions. Les provinces souscrivent, pour la partie qui traverse leur territoire, 1/4 ou 1/3 des actions. Le reste est pris par les communes dont le chemin de fer traverse le territoire ou dans une proportion infime (1,5 %) par les particuliers.

Avant la guerre, les prix de transport par chemin de fer de voyageurs et de marchandises étaient très bas. Ils ont été relevés depuis, mais il semble bien, d'après les déclarations officielles, qu'ils sont encore moins élevés que dans les pays voisins.

Pour faciliter le déplacement de la main-d'œuvre, le gouvernement belge a créé des *coupons d'ouvriers*, à taux extrêmement bas, qui permettent aux ouvriers de se déplacer à bon marché jusqu'à 100 km. de leur domicile. Ces coupons d'ouvriers ont eu une vogue prodigieuse. Leurs résultats économiques ont été étudiés de très près par le professeur Mahaim, de Liège,

dans un livre célèbre (1). Ils peuvent se résumer ainsi :
Egalisation des salaires ouvriers à la ville et à la campagne (pour retenir les campagnards aux champs, on a
été forcé de leur accorder des salaires se rapprochant
de ceux des citadins); subdivision plus grande du sol
(certains propriétaires campagnards ne voulant pas
accorder les salaires réclamés vendent certaines de
leurs terres qui sont achetées, réparties en parcelles);
arrêt, tout au moins momentané, de la hausse des
salaires des ouvriers des villes concurrencés par ceux
de la campagne.

3. — La Belgique industrielle

La Belgique est très riche au point de vue du nombre et de la variété de ses minéraux. On trouve le charbon dans différents districts, principalement aux environs de Liége à l'est, et dans le Hainaut au sud-ouest;
plus de 100.000 mineurs sont employés dans 115 charbonnages. En outre, les mines de fer, de zinc, de plomb
et de manganèse occupent environ 16.000 hommes.
Enfin les carrières de marbre, de pierre de taille, de
pierre à chaux et d'ardoise, au nombre de mille environ, emploient plus de 35.000 ouvriers.

Depuis de nombreux siècles, la Belgique a toujours
été renommée pour ses manufactures, principalement
pour ses textiles. Pendant des siècles, des milliers de
paysans flamands ont consacré une partie de leurs
exploitations à la culture du lin, qu'ils filaient et tis-
saient chez eux pendant l'hiver, vendant ensuite la
toile avec les autres produits de leurs fermes. L'in-

---

(1) MAHAIM : *Les abonnements d'ouvriers sur les chemins de
fer belges.* (Editions Ernest Solvay). Bruxelles, Misch et Thron.

troduction de la machine à vapeur a changé tout cela et, aujourd'hui, les industries à domicile disparaissent rapidement devant la machine et la fabrique. L'industrialisme augmente d'une façon constante et absorbe une proportion toujours croissante de la population. Entre 1846 et 1896 cette proportion s'éleva de 7 à 18 %, tandis que la proportion de la population occupée à l'agriculture tomba de 25 à 19 %. Il n'y a guère d'industrie un peu importante qui ne soit pas exploitée en Belgique, mais les deux tiers des ouvriers sont occupés dans l'une ou l'autre des six grandes industries suivantes : les mines, les textiles, la métallurgie, le bâtiment, le vêtement, l'alimentation. Les industries qui naquirent avec l'introduction des machines à vapeur sont exploitées principalement dans les provinces wallonnes, aux environs des mines de charbon et de fer, où au cours des siècles derniers s'est développée une grande région manufacturière s'étendant de Liége à Mons et à Charleroi. Les centres principaux de cette zone se trouvent à Liége et aux alentours de cette ville et dans le Hainaut — « le pays noir » de la Belgique. Bien que les provinces wallonnes comprennent plus d'un demi-million d'ouvriers, les seules grandes villes qui s'y trouvent sont : Liége (157.760 habitants), Verviers (49.067), Seraing (37.845), Tournai (35.004) et Namur (31.196).

Le centre de gravité de l'industrie belge s'est entièrement déplacé. Autrefois, il se trouvait dans les Flandres, mais aujourd'hui celles-ci ne comptent plus que 382.000 ouvriers industriels, alors que les provinces wallonnes en comprennent 522.000.

Indiquons ici sommairement quel a été pendant le

dernier siècle le développement de l'industrie belge. La Belgique, depuis sa séparation d'avec la Hollande en 1832, a doublé à peu près sa population (3.785.814 habitants contre plus de sept millions). Cette population, concentrée sur un territoire de faible étendue, atteint une densité de 230 habitants par km. carré. La Belgique ne peut produire sur son territoire les substances nécessaires à l'alimentation de sa population. Elle est donc forcée d'importer en grande partie ses matières alimentaires, elle exporte surtout des matériaux industriels. Le commerce belge a pris un développement prodigieux.

	(EN MILLIONS)	
	1835	1904
Importations	200	2.600
Exportations	138	2.055

En d'autres termes, les importations de produits étrangers dépassent, en 1902, 350 fr. par habitant, les exportations 285 fr. et le transit 275 fr., soit le double de la France et de l'Allemagne, par tête d'habitant, quatre fois celui des Etats-Unis, sept fois celui de l'Italie, douze fois celui de la Russie.

Avec une population doublée, la Belgique fait *dix-huit fois* plus d'affaires qu'au début de sa nationalité. Voici le développement des principales industries.

VALEUR DE LA PRODUCTION (en millions)		
	1850	1900
Hauts fourneaux	11	91
Fabriques de fer	12	84
Aciéries	0	190
Zinc	10	59
Verre	8	65

Chose intéressante à noter, d'autre part, pendant que la production augmente dans de fortes proportions, le nombre d'usines, de mines ou de fabriques diminue.

Pour les vingt années, 1880-1900, voici qu'elle a été la marche de la « concentration capitaliste » pour la grande industrie.

	1880	1900
Houillère, mines exploitées	164	118
Hauts fourneaux	57	55
Fabriques de fer et usines	411	369

En ce qui concerne le nombre d'ouvriers par exploitation, nous trouvons que sur 682.000 ouvriers industriels recensés en 1896, il y en avait

95.000 soit 13,92 °/₀ dans la petite industrie (1 à 4 ouvriers)
177.000 soit 25,96 °/₀ dans la moyenne indust. (5 à 497 ouv.)
250.000 soit 36,66 °/₀ dans la grande industrie (50 à 499 ouv.)
160.000 soit 23,46 °/₀ dans la très grande ind. (500 et plus)

En d'autres termes, 70.000 chefs de petite et moyenne industrie, ou environ 30 %, occupent 272.000 ouvriers, ou 40 %. Et 1.700 chefs d'industrie (grande et très grande) occupent ensemble 410.000 ouvriers ou 60 %.

Intéressante également à noter l'augmentation du nombre de chevaux-vapeur employés dans l'industrie belge qui n'était que de 50.000 en 1850 et qui, en 1900, dépassait 700.000. Remarquons enfin que le résultat du prodigieux développement de l'industrie belge peut se marquer par ce fait qu'en 1892 déjà on évaluait la richesse publique au chiffre de 34 milliards.

4. — Les Conditions de Vie des Travailleurs : les Salaires

La Belgique a toujours été considérée comme le pays des bas salaires et des longues journées de travail.

Un industriel anglais, M. Rowntree, qui s'est livré à une enquête minutieuse sur la situation de la classe ouvrière de Belgique, établit une comparaison entre les travailleurs belges et anglais et n'hésite pas à dire que « les salaires payés en Belgique varient entre la moitié et les trois-quarts de ceux payés en Angleterre, bien que les ouvriers belges travaillent plus d'heures par semaine que les Anglais ».

Nous ne pouvons évidemment songer à donner dans cette brève étude de longues séries de chiffres. On nous permettra cependant de reproduire un tableau des salaires d'avant-guerre qui nous paraît particulièrement suggestif.

(Voir tableau p. 23)

On voit par ce tableau qu'en 1896 un quart environ des ouvriers industriels, de plus de 16 ans, gagnaient moins de 2 fr. 50 par jour; pour un cinquième environ, les salaires quotidiens étaient de 2 fr. 50 à 3 fr.; pour un peu moins de la moitié, ils étaient de 3 à 4 fr.; et pour un huitième seulement, ils dépassaient 4 fr.

Parmi les femmes de plus de 16 ans, deux cinquièmes environ gagnaient moins de 1 fr. 50 par jour, la moitié de 1 fr. 50 à 2 fr. et 1/10 seulement gagnaient plus de 2 fr. 50.

Nous devons mentionner ici qu'en 1896, *environ 25 % des ouvriers de moins de seize ans, garçons et filles n'avaient aucun salaire,* ou gagnaient moins de 50 centimes, un peu plus de 50 % gagnaient de 50 centimes à 1 fr. 50 et moins de 20 % gagnaient plus de 1 fr. 50.

SALAIRES DES OUVRIERS BELGES DE PLUS DE 16 ANS

	HOMMES		FEMMES	
	1846	1896	1846	1896
Nombre d'ouvriers recensés......	207.784	465.529	40.673	72.444
Pourcentage des ouvriers gagnant par jour :				
0 50 ou moins.	8,9 ⎫		36,6 ⎫	
0 50 à 1 ».	17,1 ⎬ 54,5	4,5	40,4 ⎬ 94,6	9,1
1 » à 1 50.	28,5 ⎭		17,6 ⎭	
1 50 à 2 ».	24,5	6,2	4,9	30,9
2 » à 2 50.	12,7	13,5	0,4	29,5
2 50 à 3 ».	5,5	19,0	0,1	18,5
3 » à 3 50.	2,1	21,1 ⎫ 35,2	—	7,4
3 50 à 4 ».		14,1 ⎭	—	3,1
4 » à 4 50.	0,6	10,9 ⎫ 15,4	—	1,0
4 50 à 5 ».		4,5 ⎭		
5 » à 5 50.		2,9		
5 50 à 6 ».		1,2		
6 » à 6 50.	0,1	0,8 ⎬ 6,2	—	0,5
6 50 à 7 ».		0,3		
7 » et plus..		1,0		
	100	100	100	100

Les salaires que nous venons d'indiquer ont été en moyenne légèrement augmentés avant guerre (1909), mais d'une façon générale ils ont été très bas comparativement à ceux des autres pays industriels d'Europe.

Après l'armistice la commission syndicale de Belgique (C. G. T. belge), entièrement réformiste, a entamé une campagne pour l'augmentation des salaires. Le

mot d'ordre a été que tout travailleur non qualifié
devait gagner au moins 1 fr. l'heure et tout travailleur qualifié 1 fr. 25. La commission syndicale a vu
augmenter rapidement ses effectifs (130.000 en 1914
contre près de 700.000 à l'heure actuelle). Les travailleurs séduits par la perspective de se voir allouer un
salaire inespéré accoururent grossir les bataillons syndicaux. Les salaires augmentèrent, moins rapidement
cependant que dans les pays voisins et surtout que le
coût de l'existence (1).

L'augmentation ne fut d'ailleurs pas de longue
durée. Le besoin de main-d'œuvre, la crainte d'un soulèvement révolutionnaire ayant incité à la conciliation
les patrons belges. L'année 1919 et en bonne partie
1920 amenèrent un grand développement des affaires
et une augmentation corrélative des salaires.

Mais en 1921 les circonstances économiques se mo-

---

(1) Qu'on en juge par le tableau suivant indiquant « l'index
number » pour 1920 :

Base : Avril 1914 = 100.

Janvier	396	Juillet	453
Février	420	Août	463
Mars	445	Septembre	471
Avril	461	Octobre	477
Mai	471	Novembre	476
Juin	462	Décembre	468

Si nous comparons l'index number de Belgique à ceux de certains pays étrangers, nous avons :

Amsterdam	265	Bruxelles	521
Paris	375	Londres	276

Notons que l'exactitude de ces index a été vivement contestée;
on les a accusés — non sans raison — de réfléter la pensée (plutôt optimiste) des sphères gouvernementales où ils ont été éla-
borés. A remarquer qu'alors que le coût de la vie augmentait
dans la proportion de 1 à 5,21, les salaires les plus favorisés su-
bissaient une augmentation de 1 à 3.

diffèrent et les patrons commencèrent — pour la diminution des salaires et l'augmentation des heures de travail — une offensive qui se développe pleinement aujourd'hui.

5. — Les Heures de Travail

Le recensement de 1896 nous donne sur cette question des indications précieuses. Il porte sur 504.304 personnes, parmi lesquelles ne se trouvent pas les ouvriers mineurs. Voici le tableau résumant ces indications.

Ouvriers travaillant moins de 8 heures.   19.138 soit 3,79 °/o
      —   —   de 8 à 9 heures.   34.741 »   6,88 °/o
      —   —   de 9 à 10 h. (*).. 172.012 »   34,9 °/o
      —   —   de 10 à 10 h. 1/2. 77.854 »   15,44 °/o
      —   —   de 10 h. 1/2 à 11 h. 88.166 » 17,48 °/o
      —   —   de 11 à 11 h. 1/2. 70.898 »   14,08 °/o
      —   —   de 11 h. 1/2 à 12 h. 30.951 » 6,15 °/o
      —   —   12 heures...... 10.544 »   2,09 °/o

(*) 10 heures pour la plupart.

Comme on peut le constater, de ce demi-million un dixième environ travaillent moins de 9 heures; la moitié travaillent environ 10 heures; un tiers 11 heures et environ 1/5 plus de onze heures.

Parmi ceux qui travaillent onze heures ou plus, 68 % étaient des hommes, 20 % des femmes et 12 % des enfants de treize à seize ans. Un tiers des femmes et un quart des enfants travaillant dans l'industrie étaient occupés pendant plus de 11 heures par jour, tandis qu'un sixième seulement des hommes travaillent aussi longtemps.

Ceci est dû au fait que beaucoup de femmes et d'enfants sont occupés dans l'industrie textile où les heures de travail étaient les plus longues. Les bas salaires payés aux ouvriers belges obligent souvent les femmes à travailler elles-mêmes. En 1896, il y avait environ 1/8ᵉ des femmes d'ouvriers (soit 12 1/2 %) qui exerçaient une occupation quelconque en plus des soins de ménage. La proportion des femmes mariées travaillant dans les fabriques est particulièrement forte dans la Flandre Orientale où elles sont employées dans les industries textiles. A Gand, par exemple, cette proportion est de une sur trois environ, tandis qu'à Liége elle n'est que de une sur vingt. Il est intéressant de constater que la mortalité infantile à Gand est plus élevée que dans aucune grande ville belge : 23,1 par cent naissance en moyenne pendant la période 1903-1907, alors qu'à Liége elle était de 12,9.

Après la guerre une campagne intense a été entreprise par la classe ouvrière belge pour la conquête des huit heures de travail. Elle est arrivée « officiellement » à son but — comme la classe ouvrière française.

Le 1ᵉʳ octobre 1921 est entrée en vigueur la loi appliquant les huit heures aux travailleurs, sauf dérogations autorisées.

A peine la loi a-t-elle été votée, malgré les protestations furibondes des industriels, que ceux-ci commençaient une lutte âpre et tenace — comme en France également — pour la prolongation de la journée de travail.

6. — Chômage

D'après le recensement industriel de 1896, environ 3 % des ouvriers industriels étaient sans travail. Cette proportion relativement peu élevée du nombre des chômeurs était attribuée à trois causes : 1° La grande proportion de personnes occupées dans l'agriculture non pas comme ouvriers agricoles, mais comme petits cultivateurs travaillant à leur propre compte. (En Belgique, 15 % des personnes de plus de 12 ans étaient employées à l'agriculture comme cultivateurs à leur propre compte. En Angleterre, cette proportion n'est que de 5 %);

2° Le réservoir de travail que constituent les forêts belges et qui est fait en hiver par des ouvriers saisonniers;

3° La mobilité de la main-d'œuvre facilitée par les « billets ouvriers ».

Pendant la guerre de 1914 à 1918 — pendant toute la durée de l'occupation allemande — le travail a été arrêté en majeure partie dans l'industrie, sauf dans les établissements d'Etat et dans l'industrie minière.

Les sans-travail étaient maigrement secourus par les comités de secours.

Après la guerre, le nombre des chômeurs fut encore considérable. Citons quelques chiffres à ce sujet (pris uniquement parmi les ouvriers affiliés à une caisse de chômage syndicale) (1).

---

(1) En Belgique, l'œuvre de « la lutte contre le chômage » est surtout une œuvre communale (on sait que le pouvoir municipal — ou communal — est très puissant en Belgique).
De nombreuses communes ont créé des *Fonds de chômage*, qui se sont réunis en *Fonds intercommunal de chômage*. Les syndicats ont également organisé des caisses de chômage qui peuvent recevoir l'aide des « Fonds de chômage », lesquels sont eux-mêmes subsidiés par la province (département) ou par l'Etat. Des *Bourses de Travail* existent qui s'occupent du placement des chômeurs.
Le 17 février 1921 entrait en fonctions le *Fonds de crises*, qui

Le 30 Novembre 1920 . . . .   35.638 ouvriers
Le 31 Décembre 1920. . . . .   94.796   —
Le 31 Janvier 1921. . . . .   117.751   —
Le 28 Février 1921. . . . .   141.048   —
Le 31 Mars 1921 . . . .   210.681   —
(sur 668,047 ouvriers inscrits)

En ce moment, la crise de chômage s'accentue dans la plupart des corps de métiers.

7. — Le Logement et la Nourriture

On conçoit sans peine quelles doivent être, avec les salaires que nous avons décrits, les conditions d'existence de la classe ouvrière. Donnons, cependant quelques précisions en ce qui concerne la nourriture et le logement.

M. Rowntree, cet industriel anglais dont nous avons déjà parlé, a fait dans son enquête une comparaison très détaillée entre le taux de vie de familles anglaises et de familles belges, au nombre de soixante-dix choisies dans la classe ouvrière. Il a constaté que le « standard of life » de ces dernières est notoirement inférieur à celui des familles anglaises. Aucun habitant de « Workhouse (1) anglais », dit-il ne consentirait à se nourrir avec le régime alimentaire minimum admis en Belgique. Et les chiffres nombreux qu'il donne à l'appui de son opinion et que nous ne pouvons citer ici, faute de place, la confirment de façon irréfutable.

---

n'accorde pas seulement une indemnité journalière mais encore une indemnité familiale à ceux qui ne peuvent plus ou n'ont pas encore bénéficié de l'organisation. Est-il besoin de dire que la bourgeoisie de tout poil mène en ce moment une lutte féroce contre les secours de chômage, qu'elle s'efforce de restreindre et de supprimer.

(1) Workhouse, en Angleterre maison de détention des vagabonds; à peu près l'équivalent de Merxplas et de Hoogstraeten en Belgique.

Nous pouvons puiser à un autre document qui nous donne également des clartés effrayantes sur ce qu'est la vie journalière de certaines couches de la classe ouvrière belge, et ce à Bruxelles même, ville de luxe. Il s'agit de *l'enquête sur l'habillement, la nourriture et le logement des élèves des écoles communales en 1894*. Nous y relevons les faits suggestifs suivants. Rue des Minimes, on posa à 10 enfants, pris au hasard et non prévenus, la question suivante : qu'avez-vous mangé à midi ? Je note quelques réponses : de la soupe et une tartine — un demi sauret et une tartine — des moules, ma mère en vend, et ce qui n'est pas vendu le jour se mange dans le ménage le lendemain et le surlendemain (1), — un gros morceau de viande avec une braise dedans (la braise ou charbon de bois est un désinfectant populaire, il s'agissait donc d'un morceau de viande avariée dont la ménagère avait essayé de corriger l'odeur), — des pommes de terre et du lard d'Amérique, — tous les jours du poisson, mon père est au marché aux poissons, nous mangeons ce qui ne peut être vendu, mais qui doit être mangé, — de la soupe avec 10 centimes de « bintches » et des pommes de terre avec du vinaigre (les bintches sont les débris, les grattins du billot, peaux et os que le boucher vend par tas).

Des travaux auxquels s'est livré M. Rowntree en 1909, il résulte qu'avant guerre le minimum de ce qu'une famille de cinq personnes devait dépenser

---

(1) A Bruxelles, les moules sont un objet de consommation courante pour le peuple. Elles sont vendues dans les rues par des marchands, et sont consommées sur place par le client.

« pour satisfaire aux exigences physiques », est de
20 fr. 25, qui se répartissent comme suit :

> Nourriture................. 11 10
> Habillement............... 2 80
> Loyer..................... 3 10
> Chauffage................. 2 25
> Dépenses diverses........ 1 »
>   20 25

Et il ajoute (et n'oublions pas que c'est un bourgeois
qui parle) : « Si on tient compte de ce que ce minimum représente la limite extrême du bon marché, on
peut affirmer que toute famille dont le revenu total est
inférieur à cette somme, doit à la longue en souffrir
physiquement. *Il est de la plus haute importance que
le peuple belge se pénètre bien de cette vérité, d'autant
plus que les salaires d'un grand nombre d'ouvriers non
qualifiés tombent en dessous de cette limite.* »

Il faut bien se figurer ce que représente cette somme misérable dont, de l'aveu d'un bourgeois lui-même,
ne disposait pas la plupart des ouvriers belges. C'est
le strict minimum en dessous duquel il n'y a plus que
la mort par besoin. Elle ne comprend uniquement que
les articles absolument nécessaires au maintien d'un
état physique strictement satisfaisant.

Sans accorder de toute l'année un seul centime à ces
petits riens qui, tout en étant superflus sont réellement
essentiels à l'existence dans les conditions modernes
de civilisation, ces gens ne doivent jamais dépenser un
sou en omnibus, ni en chemin de fer, pas de voyages à
la campagne, à moins de s'y rendre à pied, pas de
journaux ni d'amusements. Ils ne doivent jamais écrire, car ils ne peuvent pas affranchir leurs lettres. Ils ne

peuvent ni économiser, ni faire partie d'un syndicat ou d'une caisse de maladie. Les enfants doivent se passer de friandises, de joujoux, le père ne doit ni fumer ni boire. Autant dire qu'avant guerre la situation matérielle d'un grand nombre de travailleurs belges ne leur permettait qu'une existence indigne d'un être humain.

En ce qui concerne plus spécialement le logement, empruntons à l'enquête de Bruxelles que nous avons citée plus haut quelques renseignements caractéristiques. Voici d'abord les conditions de couchage des enfants des écoles primaires.

```
Enfants dormant dans un lit.........................  10.543
   —    n'ayant pas de lit........................     538
   —    couchant dans la même chambre que leurs
           parents ...............................   5.635
   —    couchant dans le même lit que leurs parents.   590
Garçons couchant avec une ou deux sœurs........       578
Filles couchant avec un des frères.............       579
Enfants couchant dans la chambre où se fait le
           ménage................................    2.608
Enfants couchant dans un sous-sol ou dans une cave.    99
```

Une autre enquête ouvrière (1906), qui se rapporte également à Bruxelles — ville de luxe et capitale — et que pour cette raison nous avons choisie à dessein, se rapporte à un quartier populaire près de la rue Haute. Elle nous indique l'état des maisons; notons quelques extraits :

Les hauteurs de plafond descendent jusqu'à 2 mètres; 212 latrines servent à 3.957 habitants. Il a été trouvé des latrines servant à 72 personnes. L'entretien est nul souvent, insuffisant toujours. L'enquête a fait découvrir une latrine dans une mansarde habitée et une latrine dans une cave. Aux autres causes d'insalubrité viennent s'ajouter les dépôts de chiffons et d'os qu'on trouve dans plus de vingt chambres habitées, 26 pigeonniers dans ou à proximité de pièces habitées aussi, des champignonnières, enfin, établies dans les caves de 29 maisons. Dans beaucoup d'impasses, il n'y a qu'une seule rigole à ciel ouvert pour le déversement des eaux sales.

Un certain nombre de maisons ne sont pas encore raccordées à la distribution d'eau de la ville. Dans beaucoup d'autres, le propriétaire s'est efforcé de restreindre la consommation autant que possible. Partout le lavage et le séchage du linge ont lieu, l'été dans l'allée des impasses ou dans les cours, l'hiver dans les cuisines. Les escaliers sont rarement d'un usage facile. Pour atteindre les mansardes, il faut invariablement faire usage d'échelles. Les chambres habitées ne possèdent généralement d'autres moyens de ventilation que les portes et les fenêtres. Les ménages qui ne disposent que d'une chambre sont de beaucoup les plus nombreux. Ils représentent 62,16 % du nombre total. Dans la section qui nous occupe, 564 ménages comprenant 2.224 personnes occupaient une chambre unique. Ces ménages se composent de une à dix personnes, 77 sont formés d'une seule personne, 73 de deux, 104 de trois, 97 de quatre, 85 de cinq, 59 de six, 42 de sept, 17 de huit, 8 de neuf, 2 de dix. La moyenne est de 3,94 par chambre. La promiscuité prévue par la nomenclature précédente se confirme malheureusement, c'est ainsi que si 107 chambres n'abritent qu'un seul dormeur, 315 en ont deux, 229 trois, 172 quatre, 142 cinq, 82 six, 50 sept, 24 huit, 9 neuf, enfin 2 ont dix dormeurs.

Cinq chambres à coucher ne contiennent pas 3 m. cubes d'air par dormeur, 453 chambres avec 1.982 occupants ont une capacité de moins de 10 m. cubes par personne.

Le loyer de cette chambre unique généralement si misérable et si encombrée varie de 4 à 17 francs par mois, et oscille en général entre 9 et 13 francs. Le *salaire journalier* moyen par famille ne s'élève qu'à 2 fr. 67, soit environ 66,75 par mois, 164 ménages parmi lesquels il en est trois de 10 personnes sur 902, disposent d'un salaire journalier d'un franc ou moins, 228 autres d'un salaire de 1 à 2 francs, non compris, dit l'enquête « les ressources de la mendicité » !

Il est 160 ménages qui paient chaque mois au propriétaire un loyer égal au produit de *17 de leurs journées de travail*, 741 travaillent pour lui plus d'une semaine par mois.

*
**

Nous venons de donner un aperçu du logement des classes ouvrières pauvres dans les grands centres, voyons maintenant l'aspect moral de la question.

Parmi les 904 ménages ouvriers de la section, 166, soit 18,36 %, n'ont pas d'enfants, et 66, soit 7,3 %, n'ont que des enfants en bas âge. Dans les autres ménages, au nombre de 672, disposant d'une ou de plusieurs chambres, il y en a 234 où les garçons et les filles, adolescents ou adultes, sont logés dans la même chambre et *presque toujours dans le même lit*. Sept seulement logent des enfants de sexe différent en des chambres distinctes.

Dans 427 ménages, fillettes et garçons, adolescents ou adultes, logent forcément dans l'unique chambre dont ils disposent, le plus souvent dans un même lit ou dans des couchettes juxtaposées.

En rapprochant ce qui précède du tableau exposant la composition des ménages vivant dans une chambre unique, on se rendra compte des conditions misérables dans lesquelles sont forcées de vivre des familles comportant 7, 8, 9 et même 10 personnes, obligées de dormir sous un même plafond.

Cette promiscuité intense, source de la plus déplorable immoralité, provoque des rapports incestueux, d'ailleurs constatés à l'enquête. Elle a révélé des commerces infâmes existant entre frère et sœur, père et fille, et même mère et fils.

Et ce qui nous montre une fois de plus l'amère ironie qui se dégage parfois des tableaux les plus sombres du régime actuel, c'est que le Comité qui nous révèle cet enfer capitaliste était placé sous la présidence de S. A. R. le prince Albert de Belgique — le roi actuel — et que chaque année celui-ci daignait venir dans ces impasses grouillantes de vermine, où ne pénétrait jamais l'air pur ni le soleil, et y distribuait de sa propre main aux ménages les plus soigneux des prix d'ordre et de propreté!

8. — La Richesse publique. Les Impôts

Indiquons tout d'abord brièvement la répartition générale des recettes et des dépenses. Avant guerre, 62 % des recettes proviennent de ressources nationales, 5 % des provinces et 33 % des communes.

Les recettes totales s'élevaient, en 1909, à près d'un demi-milliard, soit 68 francs par tête d'habitant. Plus d'un tiers des impôts, 38 %, étaient des impôts indirects pesant donc plus spécialement sur la classe ouvrière.

Les droits d'accises sont perçus principalement sur les boissons alcooliques; les autres articles passibles de ce droit : margarine, vinaigre, tabac et sucre, ne produisent que 1/7ᵉ environ du total.

L'impôt foncier est établi sur des bases cadastrales anciennes et est insuffisant. Dans leur ensemble, les impôts pèsent sur les classes moyennes et surtout sur l'ouvrier par un impôt sur la plupart des objets manufacturés qu'il achète. Ce sont les classes aisées qui sont les moins frappées.

Il n'est peut-être pas inutile de compléter les indications sommaires qui précèdent par quelques précisions. Si nous envisageons la période qui s'étend de 1830 à 1905, date à laquelle la Belgique officielle célébra en grande pompe le soixante-quinzième anniversaire de son « indépendance », nous faisons les constatations suivantes :

De 1831 à 1870, *en 40 ans*, les impôts augmentent de 76 millions; de 1890 à 1905, en *quinze ans*, ils augmentent de 84 millions.

La dette publique augmente d'une façon prodigieuse. Elle monte, de 280 millions en 1840, à 3.117 millions en 1904.

Voyons maintenant comment sont répartis les impôts. Ce qui nous frappe tout d'abord, c'est l'augmentation considérable des impôts indirects (douanes et accises), c'est-à-dire des *impôts de consommation* qui

pèsent lourdement sur l'ouvrier. En 1831, les impôts
directs produisent.............................. 15 millions
Les impôts indirects........................... 20 millions
                                                  ____
                Total......................... 65 millions

En 1905, la proportion est renversée.
Les impôts directs ne donnent plus
que .... 124 millions
et les impôts indirects....................... 127 millions
                                                 ____
                                                 251 millions

C'est-à-dire que les impositions sur les revenus, l'enre-
gistrement et les successions, qui frappent surtout les
classes possédantes, sont moins élevées que les impôts
de consommation frappant surtout les classes labo-
rieuses.

*
* *

De quelle façon sont réparties ces dépenses?
En 1905, près de cent millions (exactement 95 millions 670.000) sont dépensés pour le budget de la
guerre, alors que les budgets de l'intérieur, de l'instruction publique, de l'agriculture, de l'industrie et du
travail se montent seulement à 93.000.000.
A cette époque déjà (1905), en Belgique — pays
neutre et pacifiste, — la dépense par tête d'habitant,
pour le budget de la guerre, s'élevait à plus de *14 fr.;*
exception faite de la France, l'Allemagne et la Grande-
Bretagne, c'était la Belgique qui atteignait alors le
maximum des dépenses en la matière, comme l'indique
le tableau suivant :

DÉPENSES ANNUELLES POUR LE BUDGET DE LA GUERRE

	Par habitant		Par habitant
Suède et Norvège..	12 80	Portugal	8 10
Italie	12 50	Roumanie...........	7 80
Espagne...........	10 80	Suisse	7 80
Danemark	9 50	Bulgarie...........	6 40
Autriche-Hongrie ..	9 10	Turquie	6 40
Russie.............	8 60	Serbie.............	6 30
Grèce.............	8 60		

Ajoutons à ces dépenses de guerre une autre dépense également improductive pour le prolétariat, celle du service des intérêts de la rente qui se montait, à la même date, à 125.000.000 de francs.

L'instruction publique a toujours été négligée en Belgique. Nous reviendrons sur ce point plus tard. Notons seulement qu'en 1905 les dépenses pour l'armée se montaient *à plus de quatre fois* celles pour l'instruction publique (95 millions contre 24 millions).

Et encore ces 24 millions étaient-ils répartis à l'avantage de la bourgeoisie; chaque élève d'école primaire (enfant du peuple) coûtait à l'Etat, par an, 16 francs; chaque élève de l'école moyenne et d'université (fils de bourgeois) respectivement 100 francs et mille francs.

**

En ce qui concerne l'administration du domaine public, — rappelons qu'aux termes de la loi belge, l'Etat est propriétaire des mines de charbon, — deux solutions étaient possibles pour mettre ces mines en valeur l'exploitation directe par l'Etat ou bien la concession à des particuliers ou à des sociétés capitalistes.

La grosse bourgeoisie au pouvoir depuis 1830 a cédé,

à titre pour ainsi dire gratuit, les richesses minérales du sous-sol belge à des particuliers.

Les bénéfices réalisés par les concessionnaires de mines ont été les suivants (en millions) :

De 1850 à 1859.....	176	*Report*.....	565
De 1860 à 1869.....	122		
De 1870 à 1879.....	192	De 1890 à 1899.....	220
De 1880 à 1889.....	75	De 1899 à 1903.....	251
A reporter.....	565	TOTAL.....	1.036

Soit plus d'un milliard volé à la collectivité.

Un autre cas également typique de l'abandon des « droits de la collectivité » au bénéfice de capitalistes individuels est l'histoire de la société des chemins de fer du Congo, dans lequel le roi Léopold avait de grands intérêts.

La Société du chemin de fer du Congo fut constituée le 31 juillet 1889, au capital de 25 millions, divisé en 50.000 actions de 500 francs. L'Etat belge souscrivit pour 10 millions de francs d'actions et des particuliers souscrivirent le reste.

Mais il fut créé deux catégories d'actions : des actions dites de *capital* ne pouvant rapporter que 3 1/2 pour cent d'intérêt, et des actions appelées *ordinaires*, dont les possesseurs avaient droit à la plus grosse part des bénéfices. Enfin il fut créé 4.000 parts de fondateur n'ayant rien coûté à leurs possesseurs mais qui devaient toucher une part des bénéfices.

En échange de ses 10 millions, l'Etat belge reçut 2.000 actions de capital, c'est-à-dire celles qui ne devaient rapporter qu'un intérêt fixe de 3 1/2 %. Les capitalistes belges et étrangers reçurent, au contraire, des actions dite « ordinaires », sans doute parce qu'elles donnaient droit à la grosse part des bénéfices.

En 1894 et 1896, une crise survint dans la construction du chemin de fer du Congo. L'Etat belge sauva l'entreprise en souscrivant à nouveau cinq millions de francs d'actions.

En 1900, la ligne était en exploitation; celle-ci fut fructueuse dès le début. Le bénéfice fut, cette année, de 8 millions. Voilà comment il fut partagé :

A l'Etat belge, possédant 15 millions d'actions, 1.165.000 francs.

Aux actionnaires propriétaires des 15 autres millions, 3.729.000 francs.

Aux porteurs de parts de fondateurs (n'ayant rien coûté), 2.032.752 francs.

Cet exemple d'appropriation capitaliste n'est-il pas particulièrement suggestif?

*
* *

Nous avons vu qu'en 1905 la richesse générale était de 35 milliards, et le revenu actuel de 3 milliards et demi, soit 500 francs par tête ou environ 2.500 francs par famille.

Comment cette richesse était-elle répartie? D'une part nous constatons une augmentation croissante du taux de l'intérêt, augmentation également du bénéfice moyen réalisé par les banques belges (en 1880, 8,05 %; en 1890, 9,70 %; en 1900, 12,14 %).

Nous notons également que les établissements bancaires importants opèrent des bénéfices considérables (jusque 73,33 %).

Examinons d'autre part le taux des salaires, c'est-

à-dire la part réservée dans la « richesse publique »
aux travailleurs. Nous constatons que deux enquêtes
sur les salaires ont été faites en Belgique en 1846. —
Nous reviendrons sur ces enquêtes ultérieurement au
point de vue général — et en 1896. Les chiffres de
1846, en ce qui concerne les salaires, sont les mêmes
qu'en 1804.

En admettant même que les salaires aient été dou-
blés entre les deux recensements, ce serait en réalité
près d'un siècle (1804-1896) qu'il aurait fallu pour arriver à ce résultat.

Mais voyons de plus près cette augmentation. Il résulte du recensement industriel de 1896 que :

170.000 ouvriers ou 25 % gagnaient moins de 2 fr. par jour
172.000   —   25 %   de 2 à 3 francs   —
169.000   —   25 %   —   de 3 à 4 francs   —
102.000   —   17 %   —   plus de 4 fr.   —

Si ces salaires étaient le double de ceux payés aux
ouvriers en 1846 (en réalité en 1804), on peut calculer
que l'augmentation a été, par jour et par ouvrier :

170.000 ouvriers à 1 fr. d'augmentation ou 170.000 fr. par jour.
172.000   —   1 fr. 25   —   ou 215.000 fr.   —
170.000   —   1 fr. 75   —   ou 297.000 fr.   —
102.000   —   2 fr.   —   ou 204.000 fr.   —

                        Total...........   886.000 fr. par jour.

A raison de 300 journées de travail, l'augmentation
totale des salaires, pour les 614.000 ouvriers industriels recensés en 1896, serait donc, par an, de 265
millions. Telle est la part des ouvriers industriels dans
l'augmentation de la richesse générale.

Essayons maintenant de répondre à la question que
nous avons posée au début de ce paragraphe.

Constatant que le revenu actuel est de 3 milliards et demi, nous nous sommes demandés quelle était la part qui, dans cette journée, revenait à la classe ouvrière.

Les salaires annuels des ouvriers industriels s'élèvent à la somme de (1896). . . . . 265.000 × 2 = 530.000 millions
ajoutons-y les salaires des ouvriers agricoles
1 fr. 98 × 300 jours × 130.000 ouvriers =   77.220 —
1 fr. 22 × 300 jours × 60.000 ouvriers =   21.960 —
                                            629.180 millions

En tenant compte de l'augmentation qui a pu se produire dans les salaires entre 1896 et 1905 — époque où le revenu annuel du pays était de 3 milliards et demi, et en évaluant le montant total des salaires à cette dernière date à 800 millions, nous constatons que *sur un revenu de 3 milliards et demi, huit cent millions seulement reviennent à la classe ouvrière.* Cette dernière remarque ne confirme-t-elle pas d'une façon éclatante ce que nous avons dit jusqu'ici sur la situation économique particulièrement désastreuse de la classe ouvrière belge?

**

Après l'armistice la Belgique, grevée de dettes de guerre, a émis des impôts qui, comme dans tous les pays du reste, sont tombés en majeure partie, sous une forme directe ou indirecte, sur la classe ouvrière. On a établi un *impôt sur les bénéfices exceptionnels* qui a d'ailleurs soigneusement respecté la fortune des mercantis; on a établi également un *impôt sur les salaires* qu'après un simulacre de résistance le P. O. B. a fait accepter à la classe ouvrière.

Actuellement, on procède à une refonte générale du

système d'impôts qui ont déjà été considérablement augmentés et dont M. Theunis, le grand argentier belge, annonce encore l'augmentation.

Nous ne pouvons mieux caractériser la situation financière actuelle de la Belgique qu'en donnant un extrait, se rapportant à cette question, du rapport présenté au dernier Congrès du Parti Communiste Belge par le camarade Van Overstraeten, secrétaire du Parti.

« Le désarroi dans l'économie et les finances belges est loin d'avoir diminué au cours des derniers mois. Ni l'augmentation et la multiplication des charges fiscales, ni les emprunts contractés n'ont pu exercer une influence sérieuse sur cette situation.

« Quant à la question des réparations, elle ne contribue qu'à souligner la sottise et la dérision des espoirs que ces dernières avaient allumés après l'armistice. Et, « l'idéalisme » impérialiste des grandes puissances ne laisse pas de montrer, pendant les derniers jours, combien il tient à la priorité belge.

« La dette belge s'élève actuellement à *35 milliards* (1), dont un tiers à peine est consolidé. La charge des emprunts atteindra, pour 1922, 1.560 millions, alors que pour la même année, les impôts directs sur les revenus et les successions rapporteront 563 millions, et les impôts indirects 454 millions, soit, au total, 1 milliard 19 millions.

« Les emprunts contractés à l'étranger pendant la guerre (France, Angleterre, Etats-Unis), *et dont le*

____

(1) Nous avons vu précédemment qu'en 1904 elle était de 3 milliards 117 millions.

chiffre n'a pas diminué, atteignent 13 milliards 63 millions.

« Le capital nominal des bons du trésor émis pour le retrait des marks et dont l'Allemagne doit assurer la charge, se monte à 3 milliards 40 millions et 341.000 francs.

« D'autre part, le protectionnisme des grandes puissances, qui entourent la Belgique, n'a cessé de prendre un caractère plus aigu. Or, avant la guerre, 20 % des exportations belges étaient absorbées par la France, 25 % par l'Allemagne, 20 % par l'Angleterre. Et, d'autre part, la Belgique, pays industriel transformateur, n'ayant pas une quantité suffisante de matières premières et de produits agricoles, doit pouvoir acheter à l'étranger 80 % de ses besoins. Cela dit suffisamment combien un protectionnisme rigoureux peut entraver le système d'exploitation capitaliste de ce pays, combien il peut peser sur les transactions commerciales avec les voisins.

« Pendant l'année 1921, le dumping allemand fut particulièrement redoutable à l'industrie belge. Ainsi, alors que l'Allemagne avait vendu en Belgique, en 1920, 1.308.372 tonnes, valant 567 millions 90 mille francs, en 1921 le chiffre de l'exportation allemande en Belgique s'élève à 4.667.908 tonnes, valant 1.107 millions 551 mille francs. En tonnes, les exportations françaises en Belgique restent bien en dessous de ces chiffres.

« Et, pendant que les produits étrangers envahissent le marché belge, les marchés étrangers sont souvent fermés à des produits belges similaires. L'on cite, à ce propos, dans le monde industriel, l'exemple suivant : en 1921, 2.645 châssis d'automobiles, dont 1.653 français, ont été vendus en Belgique, alors que les producteurs belges n'ont pu qu'en exporter 12.

« Tout cela explique pourquoi un si grand nombre de hauts-fourneaux, de fours à coke, de fours à bassin restèrent éteints. Bien que l'on signale une amélioration, la remise à feu, au cours des dernières semaines, n'est guère appréciable. »

9. — Industries à domicile

En Belgique, les industries à domicile sont encore relativement nombreuses. En 1896 elles occupaient environ 118.000 personnes, soit près de 1/7ᵉ de la population industrielle. La plus importante de celles-ci est sans contredit la fabrication des dentelles, qui occupait 50.000 femmes ; le tissage de la toile employait 11.000 personnes, la fabrication des chaussures 7.350 personnes, le vêtement 12.000 personnes, l'industrie gantière 4.000 personnes, la fabrication des armes à feu 8.400 personnes, le tissage de la laine 8.100 et le tissage du coton 3.450 personnes. Ces diverses industries occupent environ les 5/6ᵉ des ouvriers à domicile de Belgique, le reste étant employé dans des industries peu importantes : vannerie, corsetterie, cigariers, saboterie, clouterie, coutellerie, etc.

Les conditions de travail de la plupart de ces ouvriers sont des plus mauvaises. Ils constituent la proie toute désignée à la rapacité patronale. Les heures de travail sont pour ainsi dire illimitées, les salaires dérisoires. Dans son ouvrage sur *les Industries à domicile*, M. Pierre Verhaegen donne ces précisions sur les salaires de 151 dentellières. Pour onze heures et demie de travail quotidien, elles gagnent 9,4 centimes par heure, soit *1 fr. 08 par jour!* Pour 43 autres dentellières, le salaire moyen est de 8,2 centimes par heure ou 46 centimes par jour. Le gain habituel d'une jeune dentellière pour une journée de travail de dix à douze heures est de 1 fr. à 1 fr. 50.

Dans la ganterie, même situation misérable. La gantière gagne de 1 fr. à 1 fr. 50 par jour. Les couteliers et les cloutiers gagnent environ 2 fr. par jour. Les fabricants de chaussures ne gagnent pas plus de 3 fr. par jour, et 10 % de cette somme doivent servir à acheter la matière première. Les tisserands 2 fr. par jour, les bonnetiers 1 fr. 80 par jour, les préparateurs de peaux de lapin 1 fr. 75 pour plus de 12 heures de travail. Seuls les salaires des tailleurs sont un peu plus élevés.

Le travail à domicile se fait généralement en famille; les « forces de travail » sont utilisées dès leur éclosion. *Des enfants de cinq ans travaillent déjà.* Les conditions hygiéniques sont déplorables, comme nourriture et logement. Ces travailleurs sont inorganisés et sont paralysés dans leurs revendications précisément par le manque d'organisation. Il en résulte une exploitation honteuse de la part de l'intermédiaire, qui fait parfois 25 % de bénéfice sur les matériaux qu'il fournit, et force en outre souvent ses ouvriers à acheter leurs provisions dans ses propres magasins, et ce en dépit de la loi sur le « truck system » (1).

---

(1) Le « truck system » ou payement d'une partie ou de la totalité du salaire en marchandises prises dans le magasin du patron, était pratiqué couramment en Belgique. Malgré l'interdiction de la loi édictée en 1887, il est encore usité dans maints endroits. Cette loi défend également le paiement des salaires dans les débits de boisson.

10. — Causes de la Situation inférieure
du Travailleur Belge

Nous avons indiqué avec quelques détails la situation économique du travailleur belge. Elle est notoirement inférieure — encore aujourd'hui — à celle des travailleurs des autres pays industriels. On doit se demander pour quelles raisons les travailleurs belges ont accepté un « standard of life » inférieur à celui de leurs congénères d'outre-frontière. Une comparaison détaillée a été faite avant guerre entre l'ouvrier anglais — dont « l'étalon de vie » était supérieur, et l'ouvrier belge. De cette étude il résulte que la productivité de l'ouvrier belge est un peu inférieure à celle de l'ouvrier anglais, mais pas au point d'expliquer l'énorme différence dans les salaires respectifs. Ce n'est pas la race qui est en cause, car l'ouvrier belge, à l'étranger, égale les hommes avec lesquels il travaille. Le peu de capacité de l'ouvrier belge est dû à d'autres causes qui sont : 1° *l'ignorance* (avant la guerre, 25 % étaient considérés comme illettrés); 2° *le niveau inférieur de son bien-être,* — mal nourri, sa production s'en ressent; 3° *l'outillage suranné,* — les patrons belges préfèrent augmenter les heures de travail de leurs ouvriers que de moderniser l'outillage; 4° *l'accoutumance* à une vie misérable, et le sentiment qu'elle ne peut s'améliorer, sentiment renforcé, chez les populations croyantes, par suite de l'influence religieuse. Cet état de choses tend à se transformer à l'heure actuelle; mais il pèse encore lourdement sur le prolétariat belge.

11. — Les Enquêtes de 1846 et 1886

Nous avons essayé de donner un aperçu assez complet — quoique succinct — de la situation économique de la Belgique et spécialement des conditions d'existence des travailleurs belges. Pour compléter ce que nous avons dit de cette dernière question, il importe de donner un bref résumé des enquêtes de 1846 et de 1886.

Les années qui précédèrent la révolution de 1848 ont été parmi les plus mauvaises qu'ait subies la classe ouvrière. Le perfectionnement des machines, surtout dans l'industrie textile, avait considérablement diminué la demande de main-d'œuvre, et le travail exigeant moins de force musculaire, on remplaça dans une forte proportion les hommes par les femmes et les enfants.

En Belgique, la situation était devenue si mauvaise que le gouvernement eut la vague intuition qu'il devait faire quelque chose : on songea même à établir une loi réglementant le travail des enfants que beaucoup de publicistes considéraient comme indispensable pour l'avenir de la race. On décida de faire d'abord une enquête approfondie auprès des chambres de commerce, des ingénieurs des mines et des associations médicales. La Commission nommée à cet effet par arrêté royal du 7 septembre 1843, publia, en 1846-1848, 3 volumes du plus haut intérêt (1).

Dans un rapport fait au nom de l'Académie de Médecine, le docteur Burggraeve dit : « Le nombre de

____

(1) Enquête sur la condition des classes ouvrières et le travail des enfants. Bruxelles, 3 vol. in-8°, 1846-48.

ces enfants (employés dans les manufactures, mines et usines) est très considérable; dans l'industrie cotonnière, qui a pris une si grande extension dans notre pays, la proportion moyenne d'une filature pour les enfants est d'un tiers; sur ce nombre, la moitié ont l'âge de 6 1/2 à 10 ans, l'autre moitié de 10 à 15 ans. »

Notons, en les résumant, quelques déclarations faites devant la Commission d'enquête de 1844 :

A Bruxelles, dans les dentelles, on occupe les enfants à six ans. A Gand, dans les filatures, à 9 ans et au-dessous, et à Alost, même industrie, à 9 ans et 7 ans. A Termonde, chez les fabricants de ficelles et les rubaniers, à 6 ans. A Mons à 7 ans. A Tournai, dans la filerie et la rubanerie, à 7 ans. A Anvers on commence généralement à travailler dans les fabriques à 8 ou 9 ans. Les dentellières commencent leur apprentissage à 6 ans. A Ypres l'âge habituel est de 7 ans, sauf dans l'industrie dentellière où *il est de cinq ans*. A Courtrai c'est de 7 à 8 ans que les enfants débutent en qualité d'épouleurs.

Les heures de travail journalières sont, pour les enfants, d'une longueur démesurée. A Gand, 14 heures; à Mons, 14 heures. Le rapport ajoute candidement — ou cyniquement : « cette durée n'est pas excessive ». A Tournai, 12, 13 et 14 heures. A Liége, 13 et 14 heures. Cela atteint de telles proportions que la chambre d'Ypres trouve que l'on va un peu loin. Qu'on en juge : Dans la boulangerie, « Le travail, pour les enfants, *commence à 2 heures du matin pour finir à dix heures du soir* » !

Que l'on veuille bien remarquer que les heures de travail que nous venons de citer constituent déjà des vacations réduites. Par suite de la crise qui sévissait à l'époque de l'enquête, on n'aurait pas pu écouler une production supplémentaire; mais un peu auparavant, les heures de travail infantile étaient de *15-16 heures et même davantage.*

Les capitalistes qui imposaient à cette chair encore tendre ce travail de forçat tentent de se justifier devant la Commission d'enquête. Ils invoquent « les nécessités de l'industrie ». Seuls les enfants ont les doigts assez délicats pour certains travaux de filature. Quant aux maîtres des charbonnages, ils suggèrent avec candeur un motif plutôt inattendu : « Seuls, disaient-ils, les enfants sont assez petits pour traîner sur le sol des galeries ou sur les rails les lourdes bennes de charbon » !

Ils disent agir dans « l'intérêt des familles », l'enfant devant apporter son appoint — ainsi que la femme d'ailleurs — au salaire insuffisant du chef de famille !

Et enfin « the last not the least », certains osent invoquer « l'intérêt de l'enfant » lui-même. En effet, la chambre de Commerce de Gand dit avec sérénité : « Indépendamment du bénéfice des salaires de leurs enfants, les parents en retirent cet avantage qu'ils ont leurs enfants sous leurs yeux, qu'ils les forment peu à peu au travail, et enfin qu'ils ont un motif pour les retirer des rues, ou l'on sait qu'ils ne peuvent contracter que de mauvaises habitudes ». Et les chambres de Commerce de Saint-Nicolas et d'Alost, peuplées sans doute des mêmes doux philanthropes, renchérissent à l'envi.

Nous aurons peut-être l'explication de cette sollicitude pour l'avenir de l'enfant lorsque nous aurons dit que ces petits malheureux qui, pour beaucoup d'opérations mécaniques rendent autant de service que les hommes, sont payés 40 centimes par jour dans les métiers privilégiés, 30 centimes, souvent moins, 15 centimes, 10 centimes, et que dans certains cas, *leur salaire descend même parfois à 10 et 20 centimes par semaine !*

On conçoit qu'un régime semblable imposé à des enfants ait eu sur leur santé les résultats les plus désastreux. La taille de ces enfants est plus petite, leur poids moins élevé que celui des enfants « libres » de leur âge, ils subissent de nombreuses maladies et infirmités prématurées, auxquelles leur organisme débilité est incapable de résister.

Devant les résultats effrayants de cette enquête qui dépassaient les prévisions les plus pessimistes, la commission, par la plume de son rapporteur, l'illustre Ducpétiaux, concluait à la réglementation du travail des enfants et à l'instauration de l'instruction obligatoire.

Le projet de la commission interdisait tout travail dans les établissements industriels aux enfants de moins de 10 ans (12 ans dans les mines), ne permettait d'employer que pendant une demi-journée ceux de 10 à 15 ans et à la condition expresse qu'ils fréquentent une école primaire, donnait aux adolescents de 14 à 18 les loisirs nécessaires pour suivre l'école d'adultes, limitait enfin à 12 h. 1/2 la journée de travail de tous les ouvriers.

Les commissaires furent unanimes à approuver ces dispositions. Rien ne semblait donc s'opposer à ce qu'une loi cent fois justifiée vit le jour. Hélas ! il n'en fut rien, ce projet de loi non seulement ne fut jamais voté, mais il ne fut pas même déposé !

Pourquoi? Regardons les dates...

Le rapport de la Commission est du 24 août 1848, deux mois après la défaite du prolétariat parisien. En Allemagne, en Angleterre, les forces révolutionnaires se montraient également impuissantes. Le prolétariat partout était découragé et soumis. Il n'exigeait plus rien. Pourquoi lui eût-on donné quelque chose ?

En 1886, la bourgeoisie de Belgique se souvint brusquement qu'il y avait une question sociale. Des émeutes ayant eu lieu dans le Hainaut, le gouvernement réunit une Commission d'enquête qui produisit ses résultats dans cinq gros volumes.

En voici le bref résumé :

La situation de la classe ouvrière s'est améliorée depuis 1846, mais c'est un progrès relatif, car le rapport signale encore un grand nombre de cas révoltants. Citons-en quelques-uns :

Il y a encore des enfants de 9 à 12 ans occupés dans les charbonnages, les briqueteries, l'industrie textile, la tannerie; dans les verreries il y a des enfants de 11 ans. On cite le cas d'enfants de 7 ans employés dans une verrerie. Dans les fabriques d'Anvers on employait des enfants de 8 ans, à Menin de 9 ans, à Turnhout de 7 ans, à Tongres de 8 ou 9 ans, à Gand de 10 ans, à Hamme *de cinq ans*, à Bruxelles de 7 à 9 ans, à Liège de 8 ans, à Verviers de 6 et 7 ans.

Mais ce qui dépasse toutes limites, c'est que les fabricants d'allumettes phosphoriques, qui ne pouvaient

lutter contre la concurrence des allumettes suédoises,
abaissèrent les salaires et, ne trouvant plus d'hommes
faits en nombre suffisant, employèrent dans leur industrie meurtrière des enfants de 7, *de 6 et de 5 ans,
condamnés à ne jamais atteindre la trentaine.* On sait
en effet que l'odieuse nécrose guette implacablement
les ouvriers allumettiers et que l'ouvrier entrant le
premier jour à l'usine est voué inévitablement à la
plus atroce des morts lentes.

Notons que ces enfants gagnaient, d'après les propres déclarations du patron, *jusqu'à 60 centimes par
jour!*

Cette enquête eut heureusement une terminaison
meilleure que celle de 1846, et ce pour une excellente
raison. La classe ouvrière ne s'était pas apaisée depuis
1886. Elle continuait son agitation pour le suffrage
universel. Les ouvriers s'organisaient avec enthousiasme. Aussi le 13 décembre 1889 paraissait la « *Loi
sur le travail des femmes et des enfants* », interdisant
d'employer les enfants de moins de 12 ans, défendant
certains travaux aux enfants de 12 à 16 ans ou aux
femmes de 16 à 21 ans; ne permettant pas d'employer
les adolescents de moins de 16 ans et les femmes de
16 à 21 ans plus de 12 heures par jour, et interdisant
le travail de nuit aux mêmes personnes.

Cette loi, beaucoup moins révolutionnaire que ce que
proposait Ducpétiaux quarante ans auparavant, ne
s'appliquait ni à l'industrie familiale ni à l'industrie
à domicile, ni aux travaux de commerce. Quelque in-
suffisante qu'elle fût, elle constituait cependant un
progrès relatif, un oasis sur le long calvaire qu'avait
gravi la classe ouvrière belge depuis un demi-siècle.

12. — La Belgique Agricole

La surface de la Belgique, qui est de 29.456 kilomètres carrés, se répartit comme suit :

```
1.916.690 hectares de terres cultivées.
  521.495    —    de bois et forêts.
  169.329    —    de terres incultes.
  197.108    —    de terrains bâtis.
  140.935    —    de rivières, canaux, routes.
2.945.557 hectares
```

La Belgique est un pays de petites propriétés. Le nombre total des propriétaires est de 719.986 (1914). Cela représente 10 % de la population de plus de 21 ans. De ce nombre total de propriétaires :

```
17 %  ont moins de 5 ares chacun
39 %  ont      de 5 ares à 50 ares
13 %   —       de 50 ares à 1 hectare
26 %   —       de 1 à 10 hectares
2,5 %  —       de 10 à 20 hectares
2,5 %  —       plus de 10 hectares
```

Nous voyons donc que plus des deux tiers des propriétaires ont moins d'un hectare chacun et que 95 % ont moins de 10 hectares. 146 personnes seulement possèdent plus de 1000 hectares. En moyenne, chaque propriétaire belge possède 3 hectares 87 ares.

Notons que les lois successorales et testamentaires tendent à multiplier le nombre des petits propriétaires terriens plutôt qu'à le restreindre, le principe fondamental de ces lois étant que, sous réserve du droit de l'époux de pourvoir aux besoins de son conjoint, la plus forte partie des biens meubles et immeubles doit être divisée également entre les enfants nonobstant toute disposition testamentaire contraire.

Les exploitations sont pour les 3/4 environ tenues par des locataires (72 % contre 22 % par les propriétaires — 598.306 et 231.319 respectivement). Si, au lieu de considérer le nombre d'exploitations nous considérons leur superficie, nous trouvons que les deux tiers de l'étendue cultivée sont exploités par des locataires et le restant par des propriétaires (1.326.354 et 700.697 hectares respectivement).

Le tableau suivant montre *la proportion du faire-valoir indirect* dans les exploitations de diverses étendues en 1846 et en 1896.

PROPORTION D'EXPLOITATIONS CULTIVÉES PAR DES LOCATAIRES

Dimensions des exploitations	1846	1896
50 ares et au-dessous	70,5 %	74 %
50 ares à 1 hectare	67	75
1 à 2 hectares	63	71,5
2 à 3 —	57	69
3 à 4 —	54	67
4 à 5 —	53	65
5 à 10 hectares	55	63
10 à 20 —	57	63,5
20 à 30 —	65	68
30 à 40 —	65,5	71
40 à 50 —	67	71,5
Au-dessus de 50 hectares	69	75
Exploitations de toutes dimensions	65	72

Ce tableau nous indique que depuis 1846 *la proportion du faire-valoir indirect a augmenté dans toutes les catégories d'exploitations* et que, si la Belgique est un pays de petits exploitants, il semble qu'elle devienne *de moins en moins un pays de paysans propriétaires.* Ce qui empêche le petit cultivateur de devenir propriétaire, c'est le prix élevé de la terre qui est en

moyenne deux fois plus élevé qu'il ne l'était en 1846.
Dans le faire-valoir indirect, la location (bail de un an
ou de 3-6-9 ans) est la règle, le métayage est l'infime
exception et tend de plus en plus à disparaître.

Le prix de location des terres est généralement élevé, étant donné la forte demande des terres, demande
due elle-même à la forte densité de la population agricole.

Au point de vue de la liberté d'opinion, la situation
du locataire n'est pas enviable lorsque ses opinions
politiques ou religieuses ne concordent pas avec celles
de son propriétaire.

Dans la Flandre catholique, la situation du fermier,
libéral ou socialiste, est à ce point de vue très mauvaise. En fait, le fermier est lié pieds et poings à son
propriétaire et il doit en passer par les volontés de
celui-ci. Malheur à celui qui oserait affecter de l'indépendance, il serait certain de devoir déguerpir au re-
nouvellement de son bail.

*
**

Il existe encore en Belgique un certain nombre de
« *terres communales* ». Elles comptent au total
234.486 hectares, ou environ 8 % de la superficie du
pays. Ces « terres » se composent de forêts couvrant
166.641 hectares, de terrains vagues 46.895 hectares et
de terres cultivées 21.000 hectares. La totalité des terres communales de Belgique est pour ainsi dire située
dans la Campine et dans les Ardennes, les deux régions du pays dont les terres sont les plus pauvres.

Il y a quelque soixante ans les « biens communaux »
étaient très importants. En 1847, le gouvernement

belge, convaincu que l'initiative privée pouvait seule cultiver les terres avec profit, engagea les communes à vendre leurs biens communaux et fit même une loi dans ce sens.

Les communes obéirent à ces injonctions, malgré, dans de nombreux endroits, la protestation des habitants qui appréciaient les menus avantages que leur offraient les terres communales (droit de pâture, ramassage des branches mortes, enlèvement gratuit de la tourbe, etc.). La vente des biens communaux constitua d'ailleurs une mauvaise affaire qui ne se fit guère en général qu'à l'avantage des spéculateurs. Les terres qui appartiennent encore aux communes sont, en général, de qualité inférieure, la plupart sont boisées, les autres sont généralement divisées en parcelles et louées aux habitants pour un certain nombre d'années.

*
*

Quel est maintenant le rendement des terres et du bétail qui y est élevé. Les tableaux suivants nous permettent de répondre à cette nouvelle question.

ÉLEVAGE DU BÉTAIL

Année	Chevaux	Bestiaux	Porcs	Chèvres	Moutons
1846	294.535	1.203.891	496.564	110.060	662.508
1856	277.311	1.257.649	458.418	—	583.485
1866	283.163	1.282.145	623.301	197.138	658.097
1880	271.974	1.382.815	645.375	248.755	365.400
1895	271.527	1.420.978	1.163.133	257.669	235.722
1900	241.553	1.657.494	1.005.501	—	—
1906	244.893	1.779.678	1.148.083	—	—

Ces données montrent que de 1896 à 1906 le nombre de bêtes à cornes s'est élevé de 48 %. Le nombre des porcs et des chèvres s'est élevé, de 1846 à 1895, de 134 %. Nous notons, d'autre part, une diminution de

8 % dans le nombre des chevaux et de 65 % dans le nombre des moutons.

En fait, l'agriculture belge évolue. La production des végétaux directement utilisables pour l'alimentation humaine est laissée aux pays à culture extensive. La culture intensive, — qui est celle de la Belgique, — trouve plus de profits dans la transformation préalable des végétaux par les machines animales.

. . . .

Voyons maintenant l'évolution des principales cultures de 1846 à 1906.

RENDEMENT MOYEN AU KILO PAR HECTARE

Récoltes	1846	1871-80	1886-95	1900-06	Augmentation en °/₀ de 1900-6 sur 1871-80
Froment	1.435	1.529	1.847	2.288	49,5
Seigle	1.326	1.422	1.786	2.111	48,5
Avoine	1.414	1.614	1.759	2.352	45,7
Betteraves à sucre	35.517	31.676	31.028	30.804	—
Betteraves fourr.	—	32.284	44.730	54.973	70,3
Pommes de terre	14.392	12.235	15.598	15.968	30,5

On peut constater par ce tableau les énormes progrès qu'a fait l'agriculture belge au cours des quarante dernières années. Les résultats obtenus ressortent mieux encore de la comparaison avec quelques autres pays européens.

L'étendue cultivée en Belgique couvre 1.916.690 hectares, soit 64 % de la superficie totale du royaume. Cette proportion est à peu près la même que celle de l'Angleterre (63 %) et de la France (65,5 %).

La Grande-Bretagne ne possède que 57 % de son territoire cultivé.

Une branche de l'agriculture, qui a pris en Belgique

un très grand développement en ces dernières années, c'est la *culture maraîchère*, forme de la culture intensive si pratiquée en Belgique. Elle consiste surtout dans la production intensive des légumes et des primeurs. Notons également *l'industrie horticole*, centralisée spécialement aux environs de Gand.

13. — La Population Agricole

Voyons maintenant quelle est la situation du prolétariat agricole belge.

On peut admettre qu'il y a en Belgique 697.372 personnes occupées à l'agriculture. Ce chiffre représente 14,8 de la population totale de plus de 12 ans et environ 23 % du nombre total de personnes ayant une occupation quelconque. Il y a aujourd'hui en Belgique 36 personnes occupées à l'agriculture par kilomètre carré de surface cultivée. Trente-cinq pour cent seulement des agriculteurs sont des ouvriers à gage, le restant étant composé de fermiers (locataires ou propriétaires) et des membres de leur famille (1).

Le sort de l'ouvrier belge peut être considéré à juste titre comme des plus misérables. Nous avons vu dans notre chapitre sur la richesse publique que son salaire est, en moyenne, de 2 francs sans nourriture, 1 fr. 50 avec nourriture. Les ouvriers logés à la ferme couchent dans l'étable, une caisse de bois surélevée leur sert de lit.

---

(1) Le recensement général de 1900 donne :

	Nombre	Pourcentage du total
Fermiers et membres de leur famille qui prennent part aux travaux agricoles..	449.902*	64.52
Ouvriers agricoles..............................	247.470	35.48
	697.372	100.00

* 76 % des fermiers sont des hommes et 24 % des femmes. 77,5 % des ouvriers sont des hommes et 22,5 % des femmes.

Ce qui indique d'ailleurs avec évidence le sort misérable du prolétaire agricole belge, c'est que chaque année environ 40 à 50.000 ouvriers se rendent en France pour y travailler aux champs. Ces « Franschmannen », comme on les appelle, s'en vont généralement en bandes de 12 ou de 20; l'un d'entre eux joue le rôle de capitaine. Pendant leur séjour en France, ils travaillent à la tâche, excessivement dur; ils dorment dans les granges ou les hangars. Ils commencent, au printemps, par le sarclage des betteraves, puis ils moissonnent le blé et le foin et finissent par l'arrachage des betteraves. Le chef de chaque groupe de « Franschmannen » reçoit le salaire de toute sa compagnie et le partage entre ses hommes.

Avant de terminer ce chapitre, disons quelques mots de l'*instruction* et de l'*association agricoles*.

L'instruction agricole a comme institutions d'enseignement supérieur l'Institut Agricole de l'Etat, à Gembloux, l'Université de Louvain, et pour ceux qui désirent se spécialiser dans l'art vétérinaire, l'Ecole Vétérinaire de Bruxelles. Des cours complets, mais un peu plus élémentaires, sont donnés dans d'autres villes, et le gouvernement subventionne certaines écoles privées à condition qu'elles consacrent une partie de leurs leçons à l'enseignement de l'agriculture. Il existe en outre, pour les filles de fermiers, onze établissements enseignant l'agriculture et l'économie domestique.

En ce qui concerne l'instruction populaire, toutes les écoles primaires des districts ruraux enseignent l'agriculture.

Dans certains cas, cet enseignement est continué

par des cours du soir. Mais la partie la plus importante de l'enseignement agricole est organisée par les
agronomes de l'Etat, au nombre de trente-cinq, sous la
forme de conférences populaires sur les diverses
branches de l'agriculture, et de conseils écrits ou ver-
baux donnés aux paysans. Cet enseignement a contri-
bué à donner à l'agriculture belge son développement
actuel.

En ce qui concerne l'association agricole, elle est de
deux espèces : officielle, sous la forme de comices
agricoles et du Conseil Supérieur de l'Agriculture;
libre sous la forme d'association d'inspiration cléricale, soutenues et gérées par les prêtres, et dont la
puissante « Boerenbond » (association des paysans)
de Louvain est le type classique. Ces groupements
s'occupent de l'aide à leurs associés dans toutes les
branches de l'agriculture (achats de semences, de bétail, assurances, laiteries coopératives...) et constituent
entre les mains du clergé belge une puissance économique et politique redoutable.

b) LA SITUATION SOCIALE & POLITIQUE DE LA BELGIQUE

1. — L'Histoire politique de la Belgique

La Belgique est divisée en deux parties à peu près
égales de l'Ouest à l'Est; la partie du nord est habitée
par les Flamands, parlant le flamand ou plus exactement les différents patois flamands, dialectes germa-
niques; la partie du sud par les Wallons, parlant le
français et des patois wallons d'origine romande,

Au cours de l'histoire, depuis la conquête de la Gaule par Jules César, la Belgique a appartenu successivement à divers peuples : autrichien, espagnol, français... En 1815, après la chute de Napoléon Iᵉʳ, le traité de Vienne réunit la Hollande et la Belgique actuelle, sous le gouvernement de Guillaume Iᵉʳ, roi de Hollande, qui régna sur le nouveau territoire de 1815 à 1830.

De nombreux motifs de mécontentement surgirent entre les deux parties du pays; la situation matérielle du nouveau pays s'améliorait, mais une opposition se manifesta de la part du clergé, hostile à l'égalité des cultes proclamée par la loi fondamentale de 1815-1821.

Le parti libéral et anti-néerlandais protestait avec raison contre les mesures vexatoires restreignant la liberté de la presse et il repoussait l'égalité linguistique dans le domaine administratif et judiciaire.

Le groupe annexioniste français rêvait d'une réunion à la France.

Le 28 juillet 1815, dans ses *réclamations respectueuses*, le clergé présenta des observations au Roi pour « la défense de la religion catholique ». Les évêques voulaient conserver pour leur religion la prérogative d'être et de rester dominante et de plus, faire partie de droit de la législature.

La « loi fondamentale » fut votée malgré l'opposition du clergé, qui défendit aux fidèles de prêter le serment de fidélité. Grâce à des interventions de l'archevêque de Malines, le calme finit par se rétablir, mais bientôt la lutte recommença à nouveau, plus âpre que jamais, entre les évêques et le roi Guillaume, jusqu'au concordat de 1827. D'autre part, la lutte se menait pour la liberté de la presse et contre le néerlandais comme langue officielle. Le parti annexioniste, d'autre part, profitait du mécontentement général pour demander l'incorporation de la Belgique à la France.

Telle était la situation à la veille de la Révolution française, qui précipita Charles X du trône. A la nouvelle de cet événement, les esprits s'échauffent, et le 25 avril 1830, après une représentation de la *Muette de Portici*, des manifestants, sortis du théâtre, parcoururent les rues de Bruxelles en protestant violemment contre le régime hollandais. On envoya des délégués auprès du roi lui demander des concessions; celui-ci les refusa et envoya des troupes contre les « rebelles ». L'exaspération fut à son comble. A Bruxelles on constitua la garde bourgeoise; d'autres villes suivirent cet exemple, et après une nouvelle période de calme, l'agitation recommença. Le discours agressif du roi Guillaume à l'ouverture des Etats généraux mit le comble à la fureur populaire. Le peuple se souleva et commença la lutte contre les troupes hollandaises qui furent repoussées. Un gouvernement provisoire se constitua et continua la lutte dans tout le pays et, fin septembre 1830, la révolution belge était victorieuse.

Le gouvernement provisoire convoqua le *Congrès National* qui, dans sa grande majorité, fut composé de catholiques, de prêtres et de nobles. Il proclama l'indépendance de la Belgique, admit la monarchie cons-

titutionnelle héréditaire et vota l'exclusion à perpé-
tuité de la famille d'Orange-Nassau.

La Constitution adoptée par le Congrès après l'affirmation des « grands principes » : l'égalité des Belges
devant la loi, la liberté de la presse, etc..., institua le
régime électoral censitaire (il fallait payer le cens,
c'est-à-dire un certain chiffre d'impôts, pour être élec-
teur). Ce sens variait, selon les localités, de 13 à 150
florins. De plus, au-dessus de la Chambre censitaire,
la Constitution instituait un Sénat auquel seuls étaient
éligibles ceux qui payaient au moins 1.000 francs de
contributions.

*
* *

Pendant que les élus de la bourgeoisie censitaire
belge se réunissaient à Bruxelles en « Congrès national », la diplomatie européenne se réunissait à Londres, où elle reconnaissait l'indépendance et la neutra-
lité de la Belgique et proposait que le Luxembourg et
la Flandre zélandaise fussent cédés à la Belgique qui,
en plus, prendrait à sa charge la moitié de la dette
hollandaise.

Le Congrès National refusa d'admettre ces conditions et, chargé de désigner le futur roi des Belges,
choisit le duc de Nemours, fils de Louis-Philippe, roi
des Français. Celui-ci eut le bon esprit de refuser la
couronne que l'on offrait à son fils. Bien lui en prit,
car Lord Palmerston, alors tout-puissant, avait déclaré qu'il considérerait cette acceptation comme un
« casus belli ».

On offrit ensuite la couronne au prince Léopold de
Saxe-Cobourg, qui l'accepta à condition que le Congrès

National admettrait le « *Traité des 18 articles* » que
venait d'élaborer la Conférence de Londres, qui donnait à la Hollande le territoire des anciennes « provinces unies » et le reste à la Belgique, et répartissait
entre les deux pays la dette de l'ancien royaume des
Pays-Bas au prorata de la répartition des territoires.
La Belgique accepta, mais le roi de Hollande protesta,
envoya des troupes contre les Belges et les vainquit.
Ce fut alors que la France intervint et repoussa les
Hollandais. Le « Traité des 18 articles » fut alors considéré par les puissances comme trop avantageux pour
être octroyé à la Belgique vaincue, et il fut remplacé
par le *Traité des 24 articles*, laissant à la Hollande la
moitié du Limbourg et du Luxembourg, soumettant
la navigation sur l'Escaut à un droit de péage au profit de la Hollande, et stipulant que la part de la Belgique dans la dette hollandaise serait de 8.400.000 florins de rente annuelle. Malgré une vive opposition aux
Chambres belges, le traité fut voté en 1839. La paix
était définitivement conclue entre la Belgique et la
Hollande.

*****

Nous avons tenu à donner quelques détails sur la
Révolution belge. Ils aideront quelque peu à comprendre la genèse lointaine des négociations qui ont lieu,
depuis l'armistice, entre la Belgique et la Hollande, et
que les nationalistes belges aigrissent à dessein (1).
En ce qui concerne la Révolution elle-même elle fut,

____

(1) Les « nationalistes » belges, peu nombreux d'ailleurs et
dont l'agitation factice peut être comparée — quoique notable-
ment inférieure — à celle de Daudet en France, se sont efforcés,

comme toutes les révolutions jusqu'à ce jour — sauf la Révolution russe — faite par le peuple au bénéfice de la bourgeoisie. La veille de l'attaque décisive des Hollandais, les chefs bourgeois s'enfuirent en France, croyant tout perdu, et ne revinrent qu'après la bataille gagnée par la classe ouvrière.

La Révolution d'ailleurs — nous l'avons déjà indiqué suffisamment dans la partie de cette étude que nous avons consacrée à la situation économique — a donné naissance à un pays dans lequel, pendant plus de soixante années, la bourgeoisie a régné en maîtresse absolue et dont elle avait réussi à faire une des plus productives terres d'exploitation qui existât en Europe.

*
* *

Retraçons maintenant à grands traits *l'évolution politique générale de la Belgique,* réservant pour la partie suivante ce qui concerne plus spécialement l'action de la classe ouvrière.

On pourrait résumer l'histoire parlementaire et politique du pays de la façon suivante :

I. — *1830 à 1840. Le ministère unioniste.* Libéraux et catholiques se sont unis sans différenciation. La Belgique se constitue.

---

depuis l'armistice, d'aigrir les rapports entre la Belgique et la Hollande. Ces « trublions » voudraient que la Belgique possédât seule les bouches de l'Escaut; ils reprochent à la Hollande l'hospitalité qu'elle a accordée à ceux qui, pendant la guerre, préconisaient la séparation administrative de la Belgique, et désireraient ajouter à la Belgique le Limbourg, attribué à la Hollande par « *le traité des 24 articles* ». Leur influence est insignifiante.

II. — *1840. Le premier essai de cabinet politique libéral.* Il ne dure qu'un an et se retire devant un vote
hostile du Sénat.

III. — *De 1841 à 1846. Retour au système de l'Union.*
Le parti libéral se réorganise, l'opposition libérale
se manifeste.

IV. — *En 1846, apparition du premier cabinet clérical.*
Jusqu'en 1894, date de l'entrée des premiers socialistes à la Chambre, les deux seuls partis politiques
se disputant l'arène parlementaire et la direction
du pays étaient les catholiques et les libéraux, tous
deux conservateurs d'ailleurs, séparés surtout par la
question religieuse. En 1846, le roi Léopold Ier s'a-
dresse à Rogier, homme d'Etat libéral, un des
« Constituants » notoires, et lui offre le pouvoir.
Rogier formule son programme politique, qui sti-
pule, entre autres conditions, « l'indépendance du
pouvoir civil »; le roi s'en effraie et offre le pouvoir
à De Theux, ministre d'Etat clérical.

V. — *De 1847 à 1855. Le deuxième gouvernement libéral.* Rogier forme le cabinet, dans lequel entre
pour la première fois Frère-Orban, qui sera pendant
de longues années le chef incontesté du libéralisme
belge. La lutte ardente qui s'est livrée pendant plus
de trois quarts de siècle pour la conquête du suffrage égalitaire, entre dans une phase d'activité. Partie du régime censitaire à sa fondation, la Belgique
est arrivée, par étapes successives, au suffrage universel pur et simple en 1918. A toutes les époques
de son histoire, nous voyons les éléments conservateurs et avancés se battre pour ou contre l'extension

du droit de suffrage. La Révolution du 24 février 1848
renverse Louis-Philippe, beau-père de Léopold II ;
le gouvernement, qui avait refusé, quelques jours
auparavant, de modifier le système électoral, se ra-
vise brusquement et dépose un projet abaissant le
cens électoral au minimum établi par la Constitution; ce projet est admis. En 1850, la réaction belge
s'agite et refuse de collaborer à l'exécution de la loi
sur l'enseignement moyen.

VI. — *De 1855 à 1857. Le deuxième gouvernement
clérical.* Le clergé attaque avec vigueur l'enseignement officiel.

VII. — *De 1857 à 1870. Le troisième et long gouvernement libéral.* Rogier et Frère-Orban reprennent
le pouvoir. Le jeune « libéralisme radical » entre en
scène et demande la révision de la loi sur l'enseignement de 1842, conçu dans le sens clérical, l'instauration de l'instruction obligatoire, la réduction
des dépenses militaires. La période de 1857 à 1870
est caractérisée par la réalisation du programme libéral dans l'ordre législatif et administratif. Notons
les points principaux : en 1860, suppression des oc-
trois; en 1861, traité inaugurant la liberté commer-
ciale avec la France. Mais le parti libéral est divisé.
Les anciens libéraux conservateurs sont partisans
d' « une religion pour le peuple », les jeunes libéraux ou radicaux vont jusqu'au bout des conceptions logiques du libéralisme. Ils veulent une politique laïque sans compromission... Au sein du parti
clérical conservateur se crée une « jeune droite ».
Le mouvement démocratique bourgeois se déve-

loppe au sein des deux partis. Un grand nombre de
journaux d'opposition apparaissent. L'agitation des
idées ouvrières s'accentue. L'Internationale se crée
(1864) et une section belge s'organise. Un « *Comité
Central et permanent de propagande pour la réforme électorale* » se constitue (1866). Edmond Picard, le grand avocat radical, est chargé d'élaborer
le « *Manifeste des ouvriers* » qui, outre certaines
revendications modérées, demandait la disparition
du privilège censitaire en matière électorale. On
discute à la Chambre sur l'introduction éventuelle
du S. U. C'est alors que Frère-Orban prononce les
paroles fameuses : « Il est admis par vous que lorsqu'on aura admis le S. U. il n'y aura plus de corrup-
tion... Non, en effet, quelques tonneaux de bière et
de genièvre feront l'affaire... A propos du S. U., j'ai
demandé si l'on voulait constituer en arbitres des
destinées du pays, en maîtres souverains des admi-
nistrations commerciales, les manœuvriers et les
valets de ferme... Vous voulez, en deux actes, arriver
au S. U. Quant à nous, ni en un, ni en deux, ni en
trois, ni en cinq actes nous ne voulons y arriver. »
Ce ne fut qu'en 1871 qu'une loi fut votée abaissant
le cens communal à 10 francs et le cens provincial
à 20 francs.

VIII. — *De 1870 à 1878, Le troisième gouvernement
clérical.* Nous voulons nous borner ici à un strict
rappel des faits généraux d'ordre politique, réservant pour la partie suivante l'étude des faits d'ordre
ouvrier et socialiste. Nous ne pouvons cependant
passer sous silence un événement qui a eu une
grande répercussion dans le monde bourgeois; il

s'agit du III° Congrès de la I™ Internationale qui se réunit à Bruxelles en 1868, et qui alarma vivement le gouvernement belge. Des troubles ayant éclaté à Seraing et dans le Borinage (1), furent réprimés avec férocité; des militants furent emprisonnés. Les journaux socialistes se multiplièrent, et Paul Janson, l'éloquent leader du parti radical, marqua sa sympathie à l'idée socialiste naissante. En 1871, la réaction contre les communards vaincus se donne libre carrière. Le gouvernement déclare qu'il faut les mettre au ban de la société civilisée. Victor Hugo leur témoigne sa sympathie et est expulsé de Belgique. Une formidable escroquerie financière, l'affaire Langrand-Dumonceau (2), compromet gravement le Parti catholique, dont les chefs sont impliqués dans ce scandale qui amène la chute du Parti conservateur.

IX. — *De 1878 à 1884. Le quatrième gouvernement libéral.* Les libéraux font une loi scolaire que le clergé combat avec acharnement. Celui-ci voulait que le prêtre eût le droit de contrôle dans l'école à

---

(1) Région minière qui s'étend au sud-ouest de Mons.

(2) Cette affaire que nous signalons pour son importance politique, eut un retentissement considérable en Belgique. Langrand-Dumonceau avait monté une grande banque, soutenue par le clergé et le parti catholique. Dans ses affaires étaient impliqués un grand nombre de mandataires de ce parti. L'entreprise fit de mauvaises affaires et ruina un grand nombre de personnes. Un catholique notoire, M. de Decker, ancien chef de cabinet, ayant été nommé gouverneur du Limbourg, il s'éleva dans tout le pays une vive agitation à la suite de laquelle le ministère catholique fut renversé au cri de « A bas les voleurs! » (Novembre 1871). Ce mouvement de révolte n'atteignit d'ailleurs ni le régime, ni même le parti au pouvoir, puisque ce fut un autre ministre catholique, M. Malo, qui fut chargé de former le nouveau cabinet.

toutes les heures de la journée, alors que les libéraux demandaient que l'enseignement fût donné à des heures déterminées. La guerre scolaire se déchaîna en Belgique avec une violence inouïe. Les catholiques combattirent avec acharnement la « loi de malheur » (1). D'autre part, les démocrates libéraux s'efforcèrent, mais en vain, de convertir à leurs idées de réforme électorale les réactionnaires de leur parti puis, n'y arrivant pas, s'inclinèrent « pour ne pas rompre l'unité du Parti libéral ».

X. — *1884-1914. Gouvernement clérical.* Pendant trente années, le gouvernement catholique a régné malgré la persistante opposition des partis libéraux et socialistes, souvent ligués contre lui. On peut dire qu'une des causes des déviations du Parti Ouvrier Belge vient du fait que, préoccupé de renverser le gouvernement clérical qui semblait invincible, il a consacré le meilleur de ses forces à la lutte anticléricale, négligeant d'autant la lutte anticapitaliste.

A partir de 1885, et plus particulièrement de 1894, la lutte politique générale se confond avec la lutte ouvrière socialiste. 1885, en effet, est la date de la création du Parti Ouvrier Belge, 1894 celle de l'entrée des premiers socialistes au Parlement belge. Nous examinerons donc cette période politique dans la partie de cette étude que nous consacrerons au socialisme belge. Dans un chapitre spécial, nous relaterons les principales lois ouvrières édictées par le Parlement belge.

---

(1) Voir les détails sur ce point dans notre chapitre consacré à l'Instruction publique.

Pour compléter ce bref rappel de l'histoire politique belge, nous croyons nécessaire de donner ici, sur la constitution politique de ce pays, quelques renseignements essentiels.

La Belgique est divisée en *neuf provinces* : Brabant, chef-lieu Bruxelles, qui est en même temps capitale du royaume de Belgique; Flandre Occidentale, chef-lieu Bruges; Flandre Orientale, Gand; Anvers, Anvers; Limbourg, Hasselt; Liége, Liége; Luxembourg, Arlon; Namur, Namur; Hainaut, Mons. A la tête de chaque province se trouve un gouverneur nommé par le roi.

La Belgique est une *monarchie constitutionnelle héréditaire* dans la famille de Saxe-Cobourg Gotha, de mâle en mâle, par ordre de primogéniture. Le gouvernement, composé des ministres, est responsable devant les Chambres. Les Chambres sont : la *Chambre des Représentants*, comprenant 190 membres élus actuellement au S. U. par tous les hommes âgés de plus de 21 ans (les femmes « décorées pour faits patriotiques » ont droit de vote) et le *Sénat*, comprenant une centaine de membres, qui est élu par tous les hommes ayant plus de 30 ans. Une autre partie du Sénat est élue par les Conseils provinciaux, et enfin, pour une troisième partie, la « cooptation » est admise sur une liste présentée par les partis.

Le Sénat examine les projets de loi lui envoyés par la Chambre. Il dispose d'ailleurs également du droit d'initiative parlementaire. Si un projet de loi admis par la Chambre est repoussé par le Sénat, il revient à la Chambre; si celle-ci le maintient et le renvoie au Sénat et que celui-ci le repousse à nouveau, la dissolution des Chambres est prononcée par le roi et de nouvelles élections générales ont lieu.

Les socialistes belges entrés en 1895 à la Chambre avaient à leur programme la suppression du Sénat. Ils y sont cependant entrés depuis longtemps comme sénateurs provinciaux, et actuellement (1921-22), comme sénateurs directs et cooptés.

Dans chaque province se trouve un *Conseil provincial* qui choisit dans son sein une « députation permanente » chargée de l'administration et de la politique permanente de la province.

Les provinces sont divisées en *arrondissements*, à la tête desquels se trouve le « commissaire d'arrondissement » — gouverneur au petit pied — nommé par le roi.

Les communes sont gérées par un Conseil communal (Conseil municipal) dirigé par le bourgmestre (maire) nommé par le roi, aidé d'échevins (adjoints au maire) nommés par le Conseil communal.

Il a toujours été admis, en principe, chez les socialistes belges, de n'accepter aucune fonction conférée par le roi. Aujourd'hui, sur ce point — comme sur beaucoup d'autres plus importants d'ailleurs — le reniement est complet. La Belgique a eu des ministres socialistes, elle a des bourgmestres socialistes, elle aura peut-être des gouverneurs socialistes, si le gouvernement se laisse attendrir par les supplications socialistes qui lui sont adressées depuis si longtemps.

*
**

L'*Armée* a été pendant longtemps l' « armée des pauvres ». Recrutée par voie de tirage au sort, ceux qui avaient tiré un « mauvais numéro » pouvaient se payer un remplaçant. Moyennant 1.600 francs — prix moyen, — un bourgeois trouvait un malheureux qui acceptait de faire à sa place son temps de service et, éventuellement, d'aller se faire crever la peau pour lui. En plus, l'armée acceptait et accepte encore des volontaires qui, moyennant certains avantages matériels s'engagent pour une période plus ou moins longue.

Aujourd'hui, le service est général — en principe —, sauf les exemptions inévitables pour les fils de la bourgeoisie, bien recommandés. Le régime de la caserne, infect alors que les fils de pauvres y étaient seuls, s'est amélioré depuis le nouveau régime.

En Belgique, l'*Eglise* est séparée de l'Etat, mais, si nous pouvons ainsi parler, elle l'est « dans le mauvais sens du mot ». Le régime concordataire imposé aux provinces belges par Napoléon Ier et continué par le roi Guillaume n'a pas été conservé par la Belgique indépendante. Il n'existe pas de rapports régis par un contrat entre l'Etat belge et l'Eglise catholique. Celle-ci est absolument libre. Elle nomme comme elle l'entend ses titulaires qui sont simplement payés par l'Etat sans aucun contrôle de ce dernier. Toutes les opérations des cultes sont libres à condition de « ne pas enfreindre l'ordre public ». Le budget des cultes subsidiait, en 1909, les cultes catholique, protestant et israélite, qui touchaient respectivement environ 5 millions 900.000 francs, 88.000 et 23.000 francs.

2. — L'Instruction publique

Aux termes de la constitution belge, « l'enseignement est libre ». Dès le début de la Belgique indépendante, la lutte pour la possession de l'école a commencé entre catholiques et libéraux. La religion catholique est — officiellement — celle de la majorité des citoyens. Il n'existe à côté comme cultes religieux, mais avec des forces infimes, que les cultes protestant et israélite. En fait, le nombre des incroyants libres penseurs augmente tous les jours.

Mais ce qui constitue en Belgique la redoutable puissance de l'Eglise catholique, ce n'est pas sa force religieuse — décroissante tous les jours, — mais son ingérence sournoise ou avouée dans la politique active. En réalité, les gouvernants catholiques belges sont sous la domination complète du clergé et on a pu dire récemment, sans trop d'exagération, que le cardinal Mercier était le véritable roi des Belges.

Dès 1830, les catholiques orientèrent leur activité vers l'organisation de l'enseignement libre, et ce avec un tel succès que, moins de dix ans après, près de la moitié des écoles 2.284 sur 5.189) étaient dirigées par eux, sans compter les écoles subsidiées par l'Etat qui se trouvaient sous leur direction. Les libéraux, craignant de voir « l'instruction de la jeunesse monopolisée par le Clergé », entreprirent une campagne active dans le but d'obtenir l'intervention directe et systématique de l'Etat en matière d'enseignement primaire. Enfin les deux partis se mirent provisoirement d'accord et la loi de 1842 fut votée. Les catholiques concédaient l'intervention de l'Etat dans l'enseignement primaire; les libéraux, de leur côté, consentaient à ce que l'enseignement religieux fût donné dans l'école.

Cette loi rendait l'enseignement de la religion obligatoire dans les écoles primaires subsidiées par l'Etat, en attribuait la direction aux ministres des cultes et autorisait ces derniers à inspecter en tout temps les écoles ! De plus, le Clergé exerçait le contrôle des livres destinés à l'enseignement de la morale et pouvait interdire l'usage de tous les livres qu'il n'approuvait pas. Cette loi resta en vigueur jusqu'en 1878, date à laquelle les libéraux revinrent au pouvoir : ceux-ci attribuèrent alors à l'Etat le contrôle de l'enseignement primaire dans les écoles subsidiées. La loi de 1879, appelée par les catholiques « la loi de malheur », déclarait que « l'enseignement devait dépendre exclusivement de l'autorité publique ». Elle interdisait l'allocation de subsides aux écoles libres et se bornait à mettre dans l'école un local à la disposition des membres du clergé afin de leur permettre de donner l'enseignement religieux, avant ou après la classe, aux enfants de leur commune. Si les prêtres refusaient de donner cet enseignement, le maître d'école était autorisé à enseigner, à la demande des autorités communales, la « lettre » du catéchisme diocésain, sans explications ni commentaires. L'enseignement de la religion ne pouvait se faire pendant les heures de classe.

Les dispositions de cette loi étaient entièrement opposées aux convictions des catholiques, qui prétendaient que l'enseignement appartient à l'Eglise et que l'Etat ne doit y participer (sauf bien entendu en ce qui concerne le paiement des frais) qu'avec sa permission. Aussi le vote de cette loi provoqua-t-il chez les catholiques un soulèvement général. Les prêtres reçurent défense de donner l'enseignement religieux dans les écoles non-confessionnelles, et il leur fut prescrit de faire tout leur possible pour empêcher les fidèles d'avoir aucun rapport avec elles. Chaque curé dut faire tous ses efforts pour créer dans sa paroisse une école catholique. Défense fut faite aux parents d'envoyer leurs enfants dans une école publique, aux professeurs et inspecteurs d'y accepter un emploi, sous peine de « refus d'absolution ». Ces instructions furent suivies à la lettre dans tous les diocèses et propagées du haut de la chaire aussi bien que dans la presse catholique. Les églises furent transformées en tribunes de propagande, le clergé ordonna aux femmes de désobéir à leurs maris, aux enfants de désobéir à leurs parents sur la question de la fréquentation des écoles neutres; les fidèles furent exhortés à verser s'il le fallait leur dernière goutte de sang « pour la défense de la religion ». Les personnes ayant des opinions libérales furent mises à l'index, les sacrements leur furent refusés et si elles étaient dans le besoin, aucun secours ne leur était accordé; les fermiers libéraux furent congédiés par leurs propriétaires agissant sous l'influence du curé. L'Eglise prit toutes les mesures possibles pour vider les écoles neutres et pour créer un système d'enseignement foncièrement catholique.

L'enseignement était complètement désorganisé. Tous les professeurs que l'Eglise avait pu influencer refusèrent de continuer à donner l'enseignement dans les écoles communales, laissant ainsi des milliers de places vacantes. Entre temps, les catholiques avaient établi plus de deux mille écoles pour lesquelles le nombre d'instituteurs était tout à fait insuffisant. En conséquence, on eut recours aux services de sacristains, de chantres, de séminaristes n'ayant pas encore terminé leurs études, de jeunes gens enseignant aux cours du soir, voire même de domestiques. Dans beaucoup d'écoles communales, les professeurs ne valaient pas plus. Cet état de choses dura pendant cinq ans.

En 1884, les catholiques revinrent au pouvoir et s'empressèrent de renverser le système d'enseignement institué par les libéraux et, bien qu'ils ne rendissent pas l'enseignement de la religion obligatoire dans toutes les écoles, ils l'autorisèrent partout pendant les heures de classe, avec cette restriction que les enfants pouvaient en être exemptés *sur la demande écrite de leurs parents*. D'importants subsides furent accordés aux écoles catholiques se soumettant à l'inspection gouvernementale, et la plupart des écoles normales de l'Etat furent fermées, les subventions qui leur étaient attribuées auparavant étant transférées à celles que dirigeait l'Eglise.

En résumé, depuis les origines de la nationalité belge, nous pouvons constater que l'Eglise catholique a fait tous ses efforts pour édifier des écoles à son image et pour combattre l'école neutre. Les catholiques ont réussi, jusqu'après la guerre, à empêcher l'instruction obligatoire. La Belgique a été pendant longtemps le seul pays d'Europe, avec la Russie tzariste, qui ne jouit pas de cette réforme essentielle. Après la guerre, sous le régime de l'Union Sacrée, il a fallu faire des concessions au malheur des temps et consentir à cette réforme, quitte à s'efforcer d'en saboter l'application. Actuellement encore, l'enseignement catholique est plus puissant que l'enseignement de l'Etat et a été encore renforcé par les faveurs et subsides que lui a accordés M. Destrée, le ministre social-démocrate belge des Sciences et des Arts (1).

_____

(1) Lire à ce sujet l'intéressante et courageuse brochure édi-

LE DEGRÉ D'IGNORANCE DE LA CLASSE OUVRIÈRE BELGE

Nous avons indiqué à grands traits l'histoire de l'instruction en Belgique et de la « lutte scolaire ». Il nous reste à examiner maintenant les résultats du système d'enseignement belge spécialement en ce qui concerne la classe ouvrière.

Rappelons d'abord — comme on a pu le comprendre par l'exposé qui précède — que l'instruction, à tous les degrés, est partagée entre l'Etat et l'Eglise catholique.

Au degré supérieur, il existe une université catholique à Louvain, une université libre libérale à Bruxelles, et deux universités de l'Etat à Liége et à Gand.

Au degré moyen, les « athénées » (lycées) de l'Etat font concurrence aux collèges épiscopaux.

Au degré inférieur, les écoles communales (enseignement officiel) luttent contre l'enseignement clérical (adopté et subsidié).

Un mot d'explication sur ce dernier point. La loi impose aux communes l'obligation d'avoir une école officielle (1), mais une commune peut adopter, en plus,

tée par le syndicat socialiste des instituteurs de Bruxelles : *La question scolaire* (Bruxelles, Decoster, 1921, 0.25).

Dans le *Peuple* du 28 février 1922, M. Destrée qui, quoique faisant encore partie officiellement de la Social-Démocratie belge, est un peu au-dessous du bourgeois « républicain » français, accentue son évolution vers la Droite catholique. Il déclare — amplifiant un discours de 1911, — qu' « il faut gouverner pour la vie et non pour des théories », que ce qu'il veut c'est la « paix scolaire ». Il faut donc, en conclusion, que l'Etat entretienne, avec l'argent de tous, les écoles des catholiques qui, de leur côté, remercieront l'Etat en s'efforçant de détruire ses écoles.

(1) En cas d'adoption d'une école privée, le Gouvernement peut dispenser la commune de garder son école officielle. Sur une seule année (1906), cette autorisation a été accordée à 180 communes.

une école libre (cléricale) en payant le personnel de celle-ci.

Il existe également des écoles « adoptables » (toujours religieuses évidemment), qui reçoivent des subsides de l'État en attendant d'être adoptées par une commune (1).

L'enseignement primaire est complété par les écoles gardiennes (écoles Froebel), qui se divisent également en communales, adoptées et adoptables (2).

✾

On peut se figurer l'esprit qui règne dans les écoles libres et la valeur de l'enseignement qui y est élaboré. Il s'agit non pas de former des intelligences ou des caractères mais « d'arracher des âmes à l'incroyance ». La plupart des professeurs ne sont même pas diplômés. L'enseignement officiel est déjà à demi cléricalisé et par l'enseignement obligatoire de la religion et de la morale et par l'entrée en grand nombre des instituteurs catholiques formés dans les écoles normales religieuses. Malgré les courageux efforts d'une notable partie des instituteurs laïques, l'enseignement officiel

____

(1) Sur les 897.000 élèves fréquentant les écoles primaires à la fin de 1907, 57 % étaient dans les écoles communales, 24 % dans les écoles adoptées et 19 % dans les écoles adoptables. Donc environ 43 % des enfants fréquentent les écoles confessionnelles et reçoivent *directement* — car l'école officielle est loin d'en être exempte — l'influence de l'Église catholique.

(2) Il y avait en Belgique (1905) près de 3.000 écoles gardiennes. Sur ce nombre, 899 étaient communales officielles, 587 adoptées et 1335 adoptables. Le nombre des écoles gardiennes augmente rapidement (par suite de l'influence de l'Église catholique qui veut s'attacher les enfants dès leur plus jeune âge). En 1905 il y avait 86 écoles communales et 375 adoptées et adoptables de plus qu'en 1900. Les dépenses incombant de ce chef aux pouvoirs publics s'élevaient, en 1905, à 4 millions de francs.

ne peut lutter efficacement contre l'empoisonnement des intelligences effectué systématiquement par l'enseignement religieux. Aussi les résultats de l'enseignement en Belgique sont-ils déplorables. Les statistiques officielles nous indiquent qu'en 1900 la proportion des illettrés, déduction faite des enfants de moins de 8 ans, était d'environ 19 %. Une autre statistique plus récente (1909) nous donne les précisions suivantes, en ce qui concerne la classe ouvrière :

ILLETTRÉS CLASSÉS D'APRÈS LEUR AGE
(Classe ouvrière seulement)

		10 à 20 ans		20 à 40 ans		plus de 40 ans	
		Nombre de personnes	0/0 des illettrés	Nombre de personnes	0/0 des illettrés	Nombre de personnes	0/0 des illettrés
Grandes Villes	Hommes.	549	10,37	577	7,27	321	14,64
	Femmes.	395	8,10	547	9,01	301	29,36
Total........		944	9,92	1.124	8,09	622	21,86
Villes Flamandes	Hommes.	784	25,63	815	11,59	451	49,66
	Femmes.	690	26.22	795	38,25	437	66,81
Total........		1.474	25,84	1.610	29,81	888	58,10
Villes Wallonnes	Hommes.	1.153	7,11	1.422	14,13	843	30,01
	Femmes.	1.062	6,40	1.333	16,12	795	41,13
Total........		2.215	6,77	2.755	15,10	1.638	36,02
Le pays entier	Hommes.	2.486	13,67	2.814	14,53	1.615	32,44
	Femmes.	2.147	13,08	2.675	21,23	1.533	46,18
Total........		4.633	13,43	5.489	17,98	3.148	39.13

On voit par ce tableau que si l'on considère l'ensemble du pays, 40 % des habitants de plus de 40 ans

ne savent ni lire ni écrire. Cette proportion est de 18 %
pour ceux de 21 à 40, et de 13 % pour ceux de dix à
vingt ans. Mais d'autres observations permettent d'affirmer que ces estimations sont au-dessous de la vérité.
On peut estimer qu'en moyenne la proportion des illettrés est de 22 à 23 %.

En ce qui concerne la *durée de l'enseignement*, rares
maintenant encore sont les fils d'ouvriers qui peuvent
faire leur enseignement primaire complet (six années).
En 1905, nous constatons que sur 118.700 élèves,
25 % y étaient restés moins de 4 ans, 53 % avaient
fait quatre années et 22 % seulement — moins d'un
quart — le cours complet de six années.

Les pages que nous avons consacrées à l'instruction
publique seraient trop incomplètes si nous ne disions
un mot de l' « enseignement technique » et des
« cours professionnels » et d'adultes.

L'enseignement technique est organisé, dans la plupart des communes industrielles (1). L'instruction
technique est donnée à près de 17.000 filles et 40.000
garçons. La variété des programmes et de l'organisation des écoles est très grande. Dans certains établissements, les études durent trois ans; dans d'autres,
elles se bornent à de simples conférences sur l'économie domestique. Ces dernières sont très populaires et

____

(1) Les provinces du Hainaut, de Liége et du Brabant, dont le
Conseil est en majorité, sinon en totalité, composé de libéraux
et de socialistes, ont fait — la première surtout — de grands
sacrifices financiers pour développer l'enseignement technique,
et sont arrivées, dans cet ordre d'idées, à des résultats remarquables.

sont suivies par près de 10.000 jeunes filles par an.
Les écoles industrielles où l'on donne l'enseignement
théorique sont fréquentées par environ 1.000 filles et
22.000 garçons, et les cours industriels où l'on donne
l'enseignement pratique sont suivis par près de 9.700
élèves.

Les cours d'adultes sont le prolongement des cours
de l'école primaire et dans une certaine mesure leur
répétition. Certaines de ces écoles s'efforcent d'initier
leurs élèves à la vie pratique. Les travaux du ménage
sont enseignés aux filles, les travaux industriels et
agricoles aux garçons. En 1906, les pouvoirs publics
contribuèrent pour plus de 3 millions de francs aux
dépenses de ces écoles (1).

Nous en arrivons enfin aux écoles *ateliers d'apprentissage*, dont le type achevé est l'école de dentellières.

On sait que les dentelles belges ont une grande renommée et qu'elles se vendent à des prix parfois très
élevés. La fabrication des dentelles a toujours été une
spécialité des Flandres, pays où le cléricalisme, jusqu'en ces dernières années, a régné en maître incontesté et où, par conséquent, le terrain d'exploitation
de l'enfance ouvrière était soigneusement préparé.
C'est sur cette terre bénie que se sont créées les écoles
dentellières où les enfants pauvres, à partir de cinq
ans parfois (2), sont astreints à un travail au-dessus

____

(1) En 1905, il y en avait 4.077, fréquentées par 201.061 élèves.
Sur ces 4.077 écoles, 2.079 étaient communales et 1.998 adoptées
ou adoptables. Parmi les écoles communales, 286 étaient pour
filles, et parmi les autres ce nombre était de 1180.

(2) On signale même que dans le canton de Courtrai, qui avait
3.440 apprenties dentellières, l'âge d'admission variait de *deux
ans* (le fait, quoique introvable, est rigoureusement exact),
comme à Waereghem, jusqu'à 9 ans.

de leurs forces, au profit de l'entrepreneur, généralement « une bonne sœur », qui complète l'abrutissement de ses élèves en leur faisant marmotter à l'envi pendant leur travail oraisons et litanies.

Les prélèvements opérés par les directrices des écoles dentellières sont en général de 15 à 50 % du prix payé par le marchand, qui réalise à son tour de 50 à 100 % de bénéfice par la vente de la marchandise.

D'après un rapport officiel de 1896, nous constatons que sur 278 ouvrières une gagne de 1 à 2 centimes par heure, 8 de 2 à 3 centimes, 50 moins de 5 centimes, 205 moins de 10 centimes, 269 moins de 15 centimes, 4 seulement un salaire supérieur.

De l'aveu d'un catholique belge, M. Verhaegen, dans son intéressant ouvrage sur la dentelle et la broderie de tulle, il existait en Belgique, il y a quelques années, environ 160 écoles dentellières, dont plus des trois quarts étaient dirigées par des couvents de femmes.

*
* *

La conclusion qui se dégage de cette revue rapide de l'état de l'instruction en Belgique c'est qu'il est à *un niveau excessivement bas*. Je parle ici de l'enseignement primaire — l'enseignement du peuple, — quoique des reproches soient faits par les professeurs aux autres degrés d'enseignement.

En thèse générale, nous pouvons dire qu'en Belgique le futur ouvrier fréquente peu — parfois point — une école cléricalisée. Il y passe quelques années rapides et oublie vite le peu qu'il y a appris. Il est donc, dès le début de son existence, lancé désarmé dans la vie où il est la victime toute indiquée des pires exploitations. Il ne peut entrevoir aucun espoir — sauf exception rarissime — d'arriver à une culture supérieure, d'améliorer son existence. Pour lui, l'exploitation commence au berceau pour ne finir qu'à la tombe.

3. — La Législation Ouvrière

On a dit que la question sociale apparut, en Belgique, « à la lueur des incendies ». C'est en effet le 16 août 1887 que parut la première « loi sociale » interdisant le « truck system » : la révolte ouvrière de 1886 (1) produisait son premier effet.

Après ce que nous avons indiqué jusqu'ici de la situation économique et sociale de la Belgique, on ne s'étonnera pas si nous disons que ce pays a été un des derniers — le dernier peut-on dire — à entrer dans la voie de l'interventionnisme.

Pendant plus de cinquante années, la Belgique a pu être considérée, selon l'impitoyable expression de Marx, que nous rappelions en tête de cet ouvrage, comme « l'enfer des ouvriers et le paradis des capitalistes ». Ce n'est que depuis quelques années qu'ont fait leur apparition les lois ouvrières — les « lois de façade » — comme les appelaient avec dédain les social-démocrates qui s'en constituent aujourd'hui les plus énergiques défenseurs.

*
**

Nous ne voulons pas entamer ici une discussion principielle sur la valeur du « Réformisme ». Quelle

_____

(1) Voir notre chapitre : « La période de formation du P. O. B. ».

que puisse être la valeur — relative — que l'on re-
connaisse aux réformes dans telle situation déterminée,
il n'est pas contestable qu'en Belgique elles ont réussi
à créer dans la majeure partie de la classe ouvrière
une mentalité particulière, très caractéristique. Elles
ont fait disparaître, dans l'esprit de la plupart des travailleurs de ce pays, toute préoccupation d'idéal, de
transformation sociale radicale pour lui substituer la
simple mais persistante préoccupation d'améliorations
matérielles immédiates. Et, non par elles-mêmes —
mais dans l'esprit où elles ont été aperçues et conquises — elles constituent un puissant obstacle sur la
route de la Révolution sociale. Il est compréhensible
d'ailleurs que le malheureux prolétariat belge, si longtemps soumis à des conditions de vie insupportables,
se soit laissé éblouir par le mirage réformiste. Cela
n'en rend que plus lourde la responsabilité de ceux
qui, connaissant sa misère et prétendant vouloir l'en
arracher, s'en sont servi comme d'un moyen pour le
river plus étroitement au régime actuel.

Vers 1864, sous l'impulsion de la création de la Ire
Internationale, la torpeur dont avaient été accablés les
ouvriers belges pendant si longtemps commence à se
dissiper (1).

Ce que réclama tout d'abord la classe ouvrière, ce
fut l'abolition des entraves qui l'empêchaient d'améliorer son existence.

____

(1) Nous n'entendons pas dire par là que jamais auparavant
les travailleurs belges, ou du moins l'élite d'entre eux, n'avaient
compris combien leur sort était misérable (le chapitre suivant
indiquera ce qu'il en était à ce sujet) ; nous voulons seulement
dire que c'est vers 1864 que la classe ouvrière put commencer
à obliger la bourgeoisie à se préoccuper de son sort.

Elle revendiqua avant tout la suppression du « *Livret* » imposé aux ouvriers belges et datant de la loi du 22 Germinal, an XI. Cette loi ordonnait à tout ouvrier d'être porteur d'un livret indiquant son âge, sa profession et le nom du maître chez lequel il travaillait. L'article 7 stipulait que l'ouvrier qui avait reçu des avances sur son salaire ou contracté l'engagement de travailler un certain temps ne pouvait réclamer son livret qu'après avoir acquitté sa dette par son travail et rempli ses engagements.

C'était donc l'esclavage rétabli sous une forme détournée. Ce ne fut qu'en 1883, après trente-huit années de lutte que le livret d'ouvrier fut aboli.

La seconde inégalité qui frappait les ouvriers était l'article 1781 du Code civil, stipulant que « le maître est cru sur son affirmation pour la qualité des gages et pour les acomptes donnés pour l'année courante. » Cette disposition monstrueuse qui créait dans un pays où « tous les Belges sont égaux devant la loi » deux catégories de citoyens ne fut abrogée également qu'en 1883.

**

On connaît la lutte menée dans tous les pays par la classe ouvrière pour la *liberté d'association*. Elle fut conduite en Belgique avec une vigueur sans égale. Les corporations furent abolies par la Révolution Française. La loi du 22 Germinal, an XI, définit pour la première fois le « *délit de coalition* » (1) et ce furent ses dispositions qui furent reproduites dans le Code pénal

----

(1) En Angleterre, dès 1825, les coalitions furent déclarées légales. Depuis cette époque, ceux qui les forment peuvent prendre entre eux les engagements qu'il leur plaît, sauf à ne pas les imposer à ceux qui ne font pas partie de l'association.

de 1810, qui était encore en application trente-cinq
ans après que la Constitution belge de 1830 dut proclamer solennellement la « liberté d'association ! »

Bien entendu, ce texte de loi qui, en théorie, concernait également les ouvriers et les patrons, ne fut jamais appliqué à ceux-ci, malgré les « coalitions » évi-
dentes conclues entre eux pour déterminer notamment les baisses de salaires. Nous n'avons connaissance
que d'un seul cas dans lequel les patrons furent dé-
férés à la justice par leurs ouvriers et où d'ailleurs
ils furent acquittés. Toute l'histoire de la lutte ouvrière
en Belgique est celle de la lutte contre l'interdiction
du droit de coalition et pour la conquête du suffrage
universel. Il serait trop long de retracer en détail le
martyrologe des travailleurs belges acharnés à la conquête de la liberté d'association. Au cours de près d'un
siècle de souffrances les années de prison furent distri-
buées par milliers aux ouvriers assez audacieux pour
oser réclamer le droit de s'unir librement. Cependant
l'opinion publique s'agitait, émue par la résistance
ouvrière et enfin, en 1861, lors de la révision du Code
pénal, un grand débat s'ouvrit devant la Chambre
belge ou M. Bara, ministre de la Justice — doctrinaire
libéral — proposa de détacher du Code pénal les articles relatifs aux coalitions et d'en faire un projet spécial.

Le projet fut admis et la liberté d'association des
travailleurs fut reconnue en théorie, mais en réalité
elle fut étroitement annulée par *l'article 310* du nouveau Code pénal. Cette article n'a été aboli qu'après
l'armistice, mais remplacé malgré les promesses faites
par les dirigeants social-démocrates à la classe ouvrière

et malgré l'opposition de celle-ci par une nouvelle réglementation empêchant l'action syndicale libre.

De sorte que, après plus d'un siècle d'efforts héroïques, la classe ouvrière belge n'a pas encore pu réussir, malgré les ministres social-démocrates — disons plutôt à cause de ceux-ci — à se débarrasser, d'une façon complète des entraves opposées à son libre développement syndical.

Cet article 310 est célèbre dans l'histoire ouvrière belge. Nous croyons intéressant de le reproduire intégralement à titre documentaire :

Sont punis d'un emprisonnement d'un mois à deux ans et d'une amende de cinquante francs à mille francs, ou d'une de ces peines seulement, toute personne qui, dans le but de forcer la hausse ou la baisse des salaires ou de porter atteinte au libre exercice de l'industrie ou du travail, aura commis des violences, proféré des injures ou des menaces, prononcé des amendes, des défenses ou des interdictions, ou toute prescription quelconque, soit contre ceux qui travaillent, soit contre ceux qui font travailler.

Il en sera de même de ceux qui auront porté atteinte à la liberté des maîtres ou des ouvriers, soit par des rassemblements près des établissements dans lesquels s'exerce le travail, ou près de la demeure de ceux qui le dirigent, soit en se livrant à des actes d'intimidation à l'adresse des ouvriers qui se rendent au travail ou en reviennent, soit en provoquant des explosions près des établissements dans lesquels s'exerce le travail ou des habitations ou terres occupées par les ouvriers, soit en détruisant ou en rendant impropres à l'usage auquel ils sont destinés les outils, instruments, appareils ou engins de travail ou d'industrie.

Pour bien comprendre cet article il importe de le décomposer en ses trois parties essentielles. La première concerne la grève et la provocation à la grève; la seconde le picketing (1); la troisième le sabotage.

(1) On sait que ce mot désigne la réunion des grévistes aux abords des établissements où l'on chôme pour empêcher les jaunes de les remplacer. Le mot vient du verbe anglais : « to pick up », ramasser. Les grévistes essayent de « ramasser » les indécis ou les traîtres.

C'est en fait toutes les formes de l'action ouvrière, et les plus efficaces, qui étaient poursuivies, et avec quelle férocité, en vertu de l'art. 310 (1).

*
**

La *situation des enfants dans l'industrie* a souvent été discutée en Belgique, où leur exploitation pouvait s'exercer sans frein (2). Dans notre chapitre consacré aux enquêtes de 46 et de 86 nous avons cité des exemples typiques de cette exploitation. De nombreux publicistes, notamment l'illustre Ducpétiaux, dans son ouvrage intitulé *De la condition physique et morale des jeunes ouvriers*, s'élevèrent avec indignation contre la situation régnante. A différentes reprises les ouvriers réclamèrent une législation protectrice de travail, les rapports officiels eux-mêmes indiquèrent combien il était urgent d'apporter un remède à une situation devenue intolérable. L'académie de médecine intervint à son tour en 1868; tout fut vain et, lorsque le 13 janvier 1869, M. Funck, député de Bruxelles, demanda que l'on réglementât le travail des femmes et des enfants, M. Pirmez déclara que « l'Etat n'a aucune compétence en matière industrielle et que la

(1) Il n'est peut-être pas inutile de signaler que l'art. 310 a été appliqué aux travailleurs après l'armistice, et ce sous le régime de M. Vandervelde, ministre social-démocrate de la Justice. Aux protestations des travailleurs — dont il se proclamait « le délégué au ministère » — M. Vandervelde, avec son hypocrisie habituelle, a invoqué le principe très commode de la « séparation des pouvoirs »!

(2) Dès 1802, le Parlement anglais vota une loi ayant pour but de « garantir la santé et la moralité des apprentis employés dans les filatures de coton et de laine, et en 1838, une loi générale fut votée. En 1839, la Prusse, et en 1842 la France, entrèrent dans la même voie, de même que l'Autriche, la Bavière, le Grand-Duché de Bade, etc.

liberté suffit», et M. Frère-Orban, ministre tout-puissant, proclama avec solennité « que la réglementation du travail est une forme de la servitude ». Et la proposition fut enterrée.

Mais à partir de 1886, époque de révoltes ouvrières dans le Hainaut, l'opinion bourgeoise prend peur et comprend la nécessité de concessions rapides et la « législation sociale » actuelle fait son apparition. Après la loi interdisant le *Truck system* (16 août 1887), la Chambre vota le 18 août 1887 une loi anodine sur *l'incessibilité et l'insaisissabilité des salaires.* En 1889 *la loi réglementant le travail des femmes et des enfants dans les établissements industriels* et celle sur *les habitations ouvrières.*

Au sujet de la loi sur la réglementation du travail, votée enfin après tant d'essais infructueux, et dont nous avons précédemment indiqué l'insuffisance (1), rappelons quelques-unes des paroles dignes de passer à la postérité, par lesquelles les tenants du « non-interventionnisme » tentèrent dans la discussion d'un projet de loi bien modeste cependant de défendre leur thèse jusqu'au bout.

La loi de 1889 fut votée par la bourgeoisie, nous l'avons dit, avec la conviction que des concessions étaient inévitables, mais en 1878, alors que la situation était moins troublée, la discussion principielle eut lieu dans toute son ampleur et la belle âme de nos bourgeois manchestériens s'étala à nu. Il s'agissait de fixer à 12 ans l'âge d'admission dans les travaux souterrains des mines, le projet passa avec peine à la Chambre. Ceux mêmes qui défendirent cette loi dé-

---

(1) Voir le chapitre : « L'Enquête de 1846 et 1886 », *in fine.*

claraient être adversaires de la réglementation du travail.

Répondant à un député radical qui s'était plaint de voir la Belgique être la seule en Europe à ne pas légiférer en faveur des femmes et des enfants travaillant dans les mines, M. Woeste, chef de la droite catholique s'écria :

> Eh bien ! ce que l'honorable ministre considérait en quelque sorte comme un déshonneur pour la Belgique, je le considère, moi, comme un titre de gloire pour elle. C'est à nous, me paraît-il, de donner à l'Europe l'exemple du respect de la liberté individuelle, du respect de l'initiative individuelle. Messieurs, dans les sociétés du XIX° siècle, divisées d'opinions et de sentiments, la réglementation est presque toujours un péril : elle peut être une arme entre les mains des partis et prêter à l'arbitraire.

Plus loin, le député d'Alost déclare que :

> ...la loi n'était pas nécessaire, et que ceux qui défendent en cette matière la réglementation, lui paraissent faire de la philanthropie au détriment des classes ouvrières.

Enfin, répondant à M. Janson — leader radical — qui avait dit qu'au fond de toutes ces questions particulières relatives au travail il y avait une question plus générale, « la question sociale », M. Woeste répliquait :

> Mais nous, membres de la droite, et vous, membres de la gauche, qui, pour la plupart, n'admettez pas plus que nous qu'il y ait une question sociale à résoudre, nous ne pouvons pas admettre la réglementation du travail, parce que nous serions sans défense contre le langage que nous tiendrait l'ouvrier demandant, en s'appuyant sur la détresse des siens, du travail et du pain.

Voici maintenant de quelle façon M. Beernaert, chef du cabinet clérical, « soutenait » au Sénat le projet de loi :

> Ce n'est pas, et je ne puis assez le dire, une loi réglementaire du travail ; ce n'est, en vérité, qu'une modeste loi de police. Réglementer le travail, Messieurs, je ne le voudrais pas plus

que les nombreux orateurs qui successivement et dans des
termes éloquents, viennent de défendre la cause sacrée de la liberté du travail. Réglementer le travail, c'est toucher à la liberté
du travailleur; c'est l'immixtion de la loi dans une matière où
elle n'a rien à voir. Messieurs Casier et Tiercelin ne veulent rien
de tout cela et ils ont mille fois raison. Je ne le veux pas plus
qu'eux, je viens de le dire, mais je demande la permission de
le répéter, ce sont là des théories qui ne sont pas et qui ne seront jamais belges.

Et quand on songe que quelques années plus tard
une loi réglementant le travail passait devant la même
Chambre on comprendra la toute-puissance d'un mouvement de révolte ouvrière.

En 1890 se réunit à Berlin, sur l'invitation de l'em-
pereur d'Allemagne, une conférence internationale
chargée de rechercher « les mesures à prendre pour
améliorer les conditions des classes ouvrières »; les
délégués belges, au nombre de trois, se signalèrent par
leur obstruction systématique à toute proposition ré-
formatrice. Ils se prononcèrent notamment contre le
principe de l'instruction obligatoire, refusèrent d'adhérer pour les enfants de 12 à 16 ans à une durée de travail
moindre de 12 heures par jour et votèrent contre l'interdiction du travail de nuit et du dimanche des filles
et des femmes.

En 1894, l'opposition socialiste, alors jeune et com-
battive, entra à la Chambre. Le 12 novembre 1894
l' « *Office du travail* » était créé. Il avait pour mission de recueillir, de coordonner et de publier tous les
renseignements relatifs au travail, la production, les
salaires, les rapports avec le Capital, la condition des
ouvriers, la situation comparée du travail en Bel-

gique et à l'étranger, les accidents du travail, les grèves, le chômage, etc. Le gouvernement semblait en ce moment animé d'une nouvelle ardeur. Le 16 février 1896 est votée la loi obligeant les patrons à dresser un *règlement d'atelier*, en 1897 la loi sur l'*inspection des mines*, mais le gouvernement refusa de faire nommer les inspecteurs par les ouvriers eux-mêmes. En 1900 ont lieu, sous le nouveau régime de la représentation proportionnelle, des élections générales dans tout le pays. Le gouvernement, pour préparer l'opinion publique, fit voter la *loi sur les pensions de vieillesse* (10 mai 1900), accordant 65 francs par an à tout belge âgé de 65 ans et se trouvant dans le besoin, et la loi sur le *contrat de travail* réglementant celui-ci. En 1905, enfin, une loi sur le *repos du dimanche*. Citons encore en 1909 la loi fixant la *durée de la journée de travail dans les mines*, et en 1910 la *loi sur les pensions de vieillesse en faveur des ouvriers mineurs...*

Seulement, comme on l'a fait remarquer avec raison, l'important n'est pas de voter les lois ouvrières, mais bien de les appliquer, or leur application n'a jamais été faite de façon sérieuse par le gouvernement belge qui, ne se souciant pas de se mettre à dos les patrons belges, a toujours recommandé à ses inspecteurs du travail — trop peu nombreux d'ailleurs — l'indulgence à leur égard.

*
* *

Après la guerre, M. Wauters, ministre social-démocrate, a occupé pendant trois ans le ministère du Travail. Dans un esprit absolument réformiste et d'une façon très adroite, il y a accompli un travail considérable et a constitué par son œuvre un des plus puissants obstacles à toute tentative de faire revivre dans la masse l'esprit révolutionnaire. Wauters est un homme d'un puissant labeur, n'ayant plus rien du socialiste de lutte de classe et agissant en homme convaincu que la Révolution est à la fois inutile et impossible. Le plus populaire des ministres socialistes, répondant admirablement, hélas ! aux vœux de la moyenne du « prolétariat organisé », il s'est efforcé de satisfaire aux désirs de sa clientèle et y a réussi. Wauters a augmenté de 65 à 720 francs la pension annuelle des vieillards (1), il a constitué le fonds de crise, il a assuré le ravitaillement de la Belgique, il est intervenu dans de multiples conflits entre patrons et ouvriers, s'efforçant de jouer entre les deux parties le rôle « d'arbitre impartial ». Il a rendu ainsi d'éminents services à la classe bourgeoise qui, revenue de sa terreur de 1918, l'en a d'ailleurs récompensé en le renvoyant du ministère. Est-il besoin de dire que la réaction qui règne en Europe aujourd'hui n'a pas épargné la Belgique ? En ce moment même, la bourgeoisie belge, dirigée par M. Theunis, délégué de la grande finance, s'efforce, sous prétexte d'économies, de limiter, de supprimer si possible, les faibles améliorations matérielles conquises à travers mille difficultés, et après un siècle de lutte par la classe ouvrière de Belgique.

---

(1) Cette réforme est considérablement amoindrie par ce fait qu'on diminue du montant de cette pension les ressources que possède le bénéficiaire.

V

Le Parti Ouvrier Belge

a) Les Idées d'émancipation et l'Action ouvrière avant la création du P. O. B. (1831-1885)

La classe ouvrière belge née de la grande industrie qui s'est développée très tôt en Belgique a subi pendant de nombreuses années un véritable esclavage économique.

Elle a été misérable plus qu'aucun prolétariat d'Europe, inculte au delà de toute expression. Son désir immédiat a été, avant tout, d'échapper à l'étreinte des lois et du patronat, de souffrir moins, d'obtenir des améliorations immédiates et tangibles. Le caractère belge, pratique et réaliste, positif, ennemi des « aventures », a renforcé cette disposition aux réformes. Ajoutons l'influence déprimante et dévirilisante de la religion catholique qui a régné si longtemps, surtout sur la partie flamande du prolétariat belge et qui exerce encore, malgré son recul certain, une si puissante influence. Rappelons enfin que le non-interventionnisme a trouvé en Belgique ses plus fermes défenseurs, il en existe même encore aujourd'hui. Si l'on veut bien synthétiser ces divers éléments on en arrivera à se représenter avec une suffisante exactitude la composition du milieu que nous nous sommes efforcés d'analyser en détail.

Mais les conditions pénibles d'existence qu'a connues si longtemps et que connaît encore dans une notable mesure le prolétariat belge en ont fait un prolétariat résistant, énergique, tenace, travailleur. Peu prompt à l'emballement, se méfiant quelque peu de l'enthousiasme, il a de grandes qualités de labeur, d'organisation et de persévérance. Il a surtout un bon sens inné qui autorise tous les espoirs. Il n'est pas douteux que la courbe évolutive de l'avenir ne soit toute différente de celle du passé. Le stade réformiste étant inévitable, tous les peuples y ont passé, le peuple belge — après d'autres peut-être. — Il ne s'y arrêtera pas.

Quel que soit son penchant pour les réformes, leur insuffisance manifeste lui apparaîtra par leur usage même. Il rejoindra alors, avec le gros de ses forces, l'avant-garde communiste qui depuis quelque temps déjà mène à l'extrême pointe le bon combat révolutionnaire.

Entre 1830, création de la Belgique, et 1885, date de la fondation du P. O. B. (Parti Ouvrier Belge ou Parti Socialiste de Belgique), il y a eu toute une évolution démocratique et sociale qu'il est nécessaire de retracer brièvement. Pour plus de facilité nous la diviserons en trois périodes :

De 1830 à la Révolution de 1848;

De 1848 à 1864, création de la 1re Internationale;

De 1864 à 1885, date de la création du Parti Ouvrier Belge.

DE 1830 A 1848

Buonarotti fut le premier qui diffusa en Belgique les idées égalitaires; compagnon de Babeuf, condamné à la suite de la conspiration des Babouvistes au bannissement, il se réfugia en Belgique où il écrivit son ouvrage : *Conspiration pour l'égalité, dite de Babeuf.* Le grand conspirateur exerça une influence profonde sur Félix Delhasse et de Potter, deux célèbres publicistes de l'époque.

En février 1831 débarquait à Bruxelles une « *mission saint-simonienne* » dans laquelle nous voyons figurer notamment Hippolyte Carnot et Pierre Leroux. Ils firent un certain nombre de disciples parmi la bourgeoisie cultivée, citons notamment Ducpétiaux dont nous avons déjà parlé et Quetelet, le célèbre astronome. Ils fondèrent une « Eglise », qui eut une existence éphémère et un journal, *l'Organisateur,* qui mourut après le vingt-quatrième numéro. L'influence saint-simonienne persista cependant dans une certaine mesure, notamment dans certains projets de loi (assurances, impôts sur les successions) que présentèrent par la suite certains de leurs disciples devenus députés.

Nous avons indiqué précédemment l'avortement démocratique de la Révolution belge de 1830.

Quelques hommes cependant étaient restés fidèles aux idées républicaines et réellement démocratiques qui avaient été celles de certains constituants; Bartels, Jottrand notamment, qui essayèrent de répandre les idées mi-saint-simoniennes, mi-collectivistes, Kats, enfin, un des précurseurs du mouvement flamand, qui organisa le premier meeting ouvrier.

En 1838, c'est au tour de Considérant, le célèbre fouriériste, à venir propager en Belgique la doctrine de son maître. Il eut un très vif succès, surtout chez beaucoup d'officiers, qui se déclarèrent phalanstériens. Il fit une tournée en Belgique où il fonda plusieurs « phalanges ». De même que l'école saint-simonienne, l'école fouriériste n'eut aucune influence pratique et n'atteignit nullement la classe ouvrière (1).

Au contraire, l'influence des *communistes allemands* fut profonde. Karl Marx expulsé en 1844 de France par le gouvernement de Guizot se réfugia à Bruxelles, Engels l'y rejoignit en 1845. Les deux illustres révolutionnaires se livrèrent à l'étude et élaborèrent, à Bruxelles, au cours des années fécondes de 1845-1846, la conception du « Matérialisme Historique ». Marx écrivit à Bruxelles, en collaboration avec Engels, deux

---

(1) Nous ne pouvons songer à donner ici, même en résumé, les conceptions de Saint-Simon et de Fourier. Qu'il nous suffise de rappeler que *Saint-Simon* eut le premier le mérite de mettre en relief la valeur sociale de la classe industrielle (bourgeoisie et prolétariat réunis) seule productrice, et qu'il s'intéressa à « l'amélioration du sort de la classe la plus pauvre ».

Quant à *Fourier*, son idée de la nécessité de « l'Association », sa théorie des « passions » qui a fait ressortir l'utilité de la division du travail, suffisent à le situer comme un des esprits les plus pénétrants de ce siècle.

Leurs tentatives étaient utopiques en ce sens qu'ils ne pouvaient compter, pour réaliser leur « état social » nouveau — que l'on ne peut créer de toutes pièces — que sur les classes dirigeantes — intéressées à la conservation de leurs privilèges — et non sur le prolétariat. Celui-ci, étant donné le faible développement de l'industrie, ne pouvait avoir, à cette époque, d'existence distincte.

Leur propagande, en Belgique comme en France, était donc inévitablement vouée à l'insuccès.

gros volumes in-8° ayant pour titre : « *L'idéologie allemande, une critique de la philosophie post-hégélienne et de ses représentants, Feuerbach, Bruno, Bauer et Stirner, ainsi que du socialisme allemand et de ses différents prophètes* ». Ils ne parvinrent pas à les faire imprimer, et durent les abandonner comme dit Marx « à la critique rongeuse des souris ». Quelques temps après, dans les premiers mois de 1847, les points décisifs du nouveau système furent exposés publiquement, d'une manière scientifique, dans *Misère de la philosophie*, le volume que Marx fit imprimer chez l'éditeur Vogler, de Bruxelles, en réponse à la *Philosophie de la misère*, de Proudhon.

Marx et Engels, qui n'avaient guère de moyens de publicité à leur disposition, tentèrent de faire admettre leur conception nouvelle au moyen de circulaires lithographiées qu'ils adressèrent aux groupes communistes de Londres, de Paris et d'Allemagne. Ce moyen de propagande eut pour conséquence d'attirer à Bruxelles et de réunir autour d'eux un groupe d'intellectuels révolutionnaires et de prolétaires conscients.

En 1846, la *Fédération des Justes*, l'association internationale la plus importante que le prolétariat eût à ce moment, et dont Marx et Engels avaient critiqué les théories, les pria d'entrer dans son sein. Marx et Engels acceptèrent. Pendant l'été 1847 eut lieu à Londres une réunion où Engels représenta Paris et Wilhelm Wolff Bruxelles, et dans laquelle fut constituée la *Fédération Communiste*, la première organisation socialiste basée sur les doctrines marxistes.

Quelque temps après, au mois de novembre 1847, la *Fédération Communiste* tint un second Congrès à Lon-

dres, et ce fut dans cette réunion qu'elle chargea Marx
et Engels de rédiger le célèbre *Manifeste Communiste*
qui parut en allemand en février 1848 et qui, quelques
jours après, fut traduit en français.

Ce manifeste était à peine lancé que la révolution
éclata à Paris. Le Comité central de la Fédération
Communiste qui siégeait à Londres décida aussitôt de
transférer ses pouvoirs au Comité local de Bruxelles.
Mais déjà le bourgmestre de la capitale avait pris des
mesures pour empêcher les réunions et le gouvernement avait décidé l'expulsion d'un grand nombre d'é-
trangers. Le Comité de Bruxelles procéda alors à sa
dissolution et transféra ses pouvoirs au Comité central
de Paris.

Marx et Engels collaborèrent à la *Deutsche Brus-
seler Zeitung* (Gazette allemande de Bruxelles),
qui ne put, étant donné la langue dans laquelle elle
était rédigée, avoir une grande influence sur la classe
ouvrière belge.

Mais ils firent partie du *Deutsche Arbeiterverein*,
(Association ouvrière allemande), devant laquelle Marx
donna ses conférences sur « le Salaire et le Capital »,
que l'on peut considérer comme la plus ancienne es-
quisse de ce qu'allait être le premier volume du *Capital*.

*
**

Pendant ce temps le *Parti libéral*, sortant de l'Union
Sacrée qu'il avait contractée avec les catholiques, s'or-
ganisait de façon autonome et fondait « l'Alliance »,
puissante association politique qui organisa le Congrès
libéral de 1846, lequel traça au libéralisme un programme progressif.

Nous ne pouvons ici passer sous silence une des plus nobles figures de la vieille démocratie belge, Adelson Castiau, entré en 1843 à la Chambre comme député libéral, et qui défendit en toute occasion, seul contre tous, des réformes audacieuses pour l'époque.

Cependant la fermentation générale des esprits qui se manifestait dans toute l'Europe pendant les années 1846-47 fit sentir également ses effets en Belgique. Les pamphlets, les journaux, les condamnations se succédèrent avec intensité. Le 7 novembre 1847 se créa l'*Association Démocratique*, dont Karl Marx fit partie, et qui réunissait tous les esprits d'avant-garde de l'époque.

La Révolution française de 1848 amena un profond bouleversement dans toute l'Europe; le roi Léopold Ier trembla pour son trône, mais la bourgeoisie se serra autour de lui; on rappela l'armée, on expulsa quelques « agitateurs », notamment Karl Marx (1); on accorda quelques « réformes » et l'orage révolutionnaire passa sans atteindre la Belgique.

Notons ici l'échauffourée de *Risquons-Tout*, où quelques bandes mal armées tentèrent de pénétrer sur le territoire belge pour y proclamer la République et furent immédiatement arrêtées par l'armée belge. Cette tentative avortée donna naissance à un grand procès dans lequel on impliqua les démocrates de l'Alliance Démocratique, dont plusieurs furent con-

____

(1) Karl Marx et sa femme furent expulsés de façon brutale et inhumaine. Engels le fut peu de temps après.

L'expulsion de Marx donna lieu à un débat très vif à la Chambre belge, où le gouvernement couvrit, évidemment, les agissements de la police.

damnés à mort, peine heureusement commuée en détention par la suite. La bourgeoisie belge se vengeait ainsi de la peur qu'elle venait d'éprouver.

DE 1848 A 1864

Après le coup d'Etat du 2 décembre 1851, beaucoup de républicains français se réfugièrent en Belgique, entre autres Proudhon. Y habita également et y exerça une certaine influence Rittinghausen, père de la « législation directe »; Alexandre Herzen et, après 1870, Victor Hugo, que le gouvernement belge expulsa pour avoir manifesté ses sympathies aux communards.

En 1860 se constitue une association « Le Peuple », formée de quelques étudiants et de quelques ouvriers; elle publie un journal, *La Tribune du Peuple*, dans lequel César de Paepe, le père du socialisme belge, fait ses premières armes. Ce journal devint, en 1866, l'organe de la section belge de l'*Association Internationale des Travailleurs*, et fut remplacé, en 1869, par *l'Internationale*. En 1865 se créait la *Liberté*, organe de la jeunesse radicale, où écrivirent Picard, Graux, Olin, Robert, Janson, De Greef, et qui défendait avec vigueur les revendications démocratiques. Nous ne citerons ici que pour mémoire une floraison abondante de journaux qui attaquent avec violence le conservatisme du gouvernement belge, lequel répond à leurs attaques en fomentant de multiples procès de presse.

César de Paepe fut le grand propagateur du Collectivisme dans les congrès de l'Internationale, mais ce fut *de Colins* qui en fut « l'inventeur ». Il écrivit sur la doctrine collectiviste une série d'ouvrages d'une grande érudition, malheureusement entachés de métaphysique. Il a laissé un certain nombre de disciples belges, dont le plus célèbre — et un des meilleurs vulgarisateurs de sa doctrine — fut Louis de Potter. Son fils Agathon se dévoua également à la philosophie colinsienne et dirigea la *Revue du Socialisme Rationnel*, revue de l'école de Colins. Cette doctrine n'a touché que peu de gens et n'a eu aucune influence sur les travailleurs.

Emile de Laveleye, professeur d'économie politique à l'Université de Liége, quoique n'étant pas socialiste au sens révolutionnaire du mot, s'est affirmé l'adversaire du régime actuel, a combattu le manchestérianisme et a préconisé une meilleure organisation du travail destinée à « mettre fin aux souffrances du peuple ». Ses deux principaux ouvrages : *Le Socialisme contemporain et La Propriété et ses formes primitives*, ont eu une influence considérable (1).

Entre 1856 et 1859, le *mouvement anticlérical* s'accentue comme réaction contre l'ingérence du clergé dans la politique. Il se crée notamment, à Bruxelles, la société *l'Affranchissement*, qui a pour but de faciliter les enterrements civils rendus impossibles jusqu'alors par l'intolérance du clergé.

Des grèves éclatent, à Gand notamment, où malgré les persécutions de l'autorité qui n'hésite pas à voler la caisse du syndicat, les ouvriers quittent malgré tout le travail. Une agitation très vive se manifeste parmi

---

(1) Nous ne pouvons, étant donné le cadre réduit de cette étude, examiner ici en détail les figures de Colins et de César de Paepe. Nous nous permettons de renvoyer les lecteurs que la question intéresserait aux deux articles que nous avons publiés sur ces deux précurseurs du socialisme belge dans la *Revue Communiste* du mois de juin 1922.

les travailleurs de tout le pays et, en 1864, l'annonce de la création de l'Internationale est accueillie avec enthousiasme par tous les militants ouvriers.

De 1864 a 1885

Une section de la Ire Internationale fut créée immédiatement en Belgique, à laquelle les corps de métier s'affilièrent; des sections s'établirent dans plusieurs villes du pays. A la tête du Conseil général belge se trouvaient Eugène Hins, encore vivant aujourd'hui, et César de Paepe.

De nombreuses grèves, suivies de répressions et de fusillades, secouent le pays et amènent des recrues à l'Internationale. En septembre 1869 a lieu à Bâle le Congrès annuel de l'Internationale, où les Belges firent triompher le principe de « l'appropriation collective de la terre et des instruments de production ». La guerre de 1870 arrive; toutes les sections protestent contre les hostilités; puis vient la Commune; la presse bourgeoise ayant fait contre elle une violente campagne de calomnies, beaucoup d'ouvriers prennent peur et se retirent de l'Internationale (1).

A ce moment, cependant, la situation paraît se modifier à l'avantage des idées démocratiques. Les grèves

(1) Les débuts de l' « Internationale » en Belgique inquiétèrent la bourgeoisie. Les patrons surveillaient leurs ouvriers qui étaient impitoyablement renvoyés s'ils étaient suspectés d'affiliation à l'organisation révolutionnaire. Il était strictement interdit aux soldats d'assister aux réunions ou aux meetings. A Verviers notamment, l'agitation fut vive. Les « *Francs-Ouvriers* », organisation révolutionnaire, dont l'organe était le *Mirabeau*, et qui réunissait l'élite des travailleurs verviétois, s'unit à l'Internationale et devint une de ses sections les plus actives.

se multiplient; des procès nombreux sont engagés dont certains se terminent par l'acquittement des accusés. L'opinion publique commente et discute les grands problèmes sociaux. C'est réellement une période de réveil de l'esprit public qui semble s'ouvrir. Malheureusement, l'Internationale disparaît et sa chute amène pendant quelque temps la perturbation dans les rangs ouvriers.

Mais les travailleurs reprennent le dessus et, en 1875, fondent à Bruxelles la *Chambre du Travail,* essai de fédération des sociétés ouvrières de Bruxelles. A Gand, sous la conduite de Van Beveren, se fonde le Parti Socialiste. En 1877, un congrès ouvrier se tient à Bruxelles, il crée l'*Union Ouvrière Socialiste belge.* Ce ne fut pas sans difficultés que ce mouvement d'union fut mené à bien, car il rencontrait, d'une part l'opposition des anciens de l'Internationale qui craignaient que le nouveau groupement né fît du tort à l'Internationale qu'ils comptaient bien reconstituer, et d'un autre côté il se heurtait ou à l'indifférence des travailleurs, ou à l'esprit de méfiance et de scepticisme de certains groupes considérant comme inutile ou même nuisible l'organisation politique de la classe ouvrière.

Le *Parti Socialiste Flamand* se constitue alors. Il réunit un « Congrès international » à Gand en septembre 1877, qui affirme la nécessité de l'action politique et de l'organisation internationale des travailleurs.

Quelques semaines plus tard, les anciens membres de la Ire Internationale constituèrent le *Parti Socialiste Brabançon.*

Enfin en 1879, se réunissait un congrès qui constituait le *Parti Socialiste Belge*, dont les journaux officiels étaient *La Voix de l'Ouvrier*, de Bruxelles, et *De Werker* (Le Travailleur), d'Anvers.

Le Parti Socialiste Belge intervint avec vigueur aux côtés des grévistes du Borinage et entreprit une vigoureuse campagne en faveur du S. U. et de la révision de la Constitution. La conquête du droit de suffrage fut plus que jamais à l'avant-plan des revendications prolétariennes; plusieurs ligues se créèrent même dans le but de promouvoir dans tout le pays un puissant mouvement de réforme électorale.

Le mouvement socialiste s'accentua dans différentes parties du pays, notamment dans la province de Liége et dans l'agglomération bruxelloise, où se créèrent des « Ligues ouvrières » qui, profitant de la nouvelle loi électorale communale, présentèrent pour la première fois, en 1884, leurs propres candidats et en firent entrer quelques-uns dans les conseils communaux.

L'hiver 1884-85 se signala par une assez forte crise industrielle, le nombre des sans-travail fut relativement considérable. Ce fut dans un des meetings que tenaient les sans-travail que Jean Volders (1), un des fondateurs du P. O. B., prit la parole pour la première fois. Employé à la Banque Nationale, il dut démissionner. Ce fut aussi vers cette époque que Célestin Dem-

____

(1) Nous devons saluer ici la belle figure de Jean Volders, un des fondateurs du P. O. B., ami véritable de la classe ouvrière. Volders, qui se tua littéralement au service de la cause socialiste — il mourut fou, encore dans la force de l'âge, — fut la cheville ouvrière du socialisme en Belgique dans les années 1880-1890. Propagandiste infatigable, tribun populaire, journaliste, il fut le type de l'agitateur. Homme d'action, il fut, ainsi que De Paepe, le théoricien et l'homme d'étude, un homme de profonde conviction et de dévouement désintéressé.

blon — également un des fondateurs du P. O. B. et un des rares parmi les anciens, sinon le seul, qui soit resté fidèle aux convictions de sa jeunesse — fut révoqué de ses fonctions d'instituteur pour avoir parlé avec « peu de respect » de la famille royale.

*****

Cependant, instinctivement, la classe ouvrière éprouvait le besoin de s'unir d'une façon solide. Ce sentiment fut traduit par la Ligue ouvrière de Bruxelles qui proposa d'organiser un Congrès où seraient invitées toutes les sociétés ouvrières sans distinction. Ce Congrès eut lieu au café du Cygne, Grand'Place, à Bruxelles, les 5 et 6 avril 1885.

Cinquante-neuf associations y étaient représentées par 112 délégués. L'unique objet à l'ordre du jour était « l'utilité de réunir en un seul parti toutes les organisations ouvrières du pays ». Anseele et les délégués flamands déclarèrent que ce que l'on voulait fonder existait et qu'il n'y avait qu'à adhérer au « Parti Socialiste Belge ». D'autres délégués soutinrent que le mot « socialiste » effrayait encore les ouvriers et qu'il valait mieux prendre un titre plus incolore. Jean Volders préconisa la réunion de tous les éléments ouvriers, mais demanda qu'on ne présentât pas un programme qui pût effrayer la masse. Après discussion et avis de César de Paepe qui inclinait à la conciliation dans les termes, l'ordre du jour suivant fut voté à l'unanimité :

« Le Parti Socialiste Belge, tout en conservant intact et son programme et ses statuts, déclare adhérer à la constitution d'un *Parti Ouvrier Belge* dont le programme et les statuts seront discutés et adoptés dans un prochain congrès. »

Au Congrès d'Anvers, en 1885, était adopté la charte du nouveau parti. Le Parti Ouvrier Belge, réunissant toutes les forces ouvrières de Belgique, était définitivement constitué.

Quel allait être son avenir?

b) **La période de formation du P. O. B. (1885-1894)**

L'année 1886 marque une date importante dans l'histoire économique et politique de la Belgique. La classe ouvrière commence à prendre conscience de son droit et elle se révolte contre l'exploitation dont elle est victime. Le 18 mars une émeute éclate à Liége. Elle est suivie d'une grève générale et de l'incendie de la verrerie Baudoux, dans le Hainaut. *Alfred Defuisseaux* lance son *Catéchisme du Peuple* en faveur du S. U. et des réformes ouvrières, qui obtient un formidable succès. Brusquement, la bourgeoisie se trouve placée devant des revendications ouvrières qui s'affirment impérieuses. Elle prend peur. Elle envoie le général Vandersuissen pour organiser la répression. L'armée fusille la classe ouvrière. La magistrature vient au secours de l' « ordre établi », elle ordonne des poursuites contre Alfred Defuisseaux qu'elle condamne à un an de prison pour un pamphlet bien inoffensif, Anseele à à 6 mois de prison pour avoir adressé un appel émouvant aux mères de famille, et Oscar Falleur à vingt ans de travaux forcés pour avoir instigué l'incendie Baudoux, et ce sur la foi d'un faux-témoignage.

Le P. O. B. prend une part active aux événements, les suivant de près, aidant dans la mesure de ses forces les grévistes. Le 13 décembre 1885, il fonde le journal *Le Peuple*, alors vaillant et combattif et qui est devenu depuis d'armistice le défenseur le plus retors de la bourgeoisie.

Le P. O. B. s'organise, dès le début, sous la triple forme coopérative, syndicale, politique. Les ligues ouvrières doivent se réunir dans la lutte commune avec les syndicats; les coopératives fourniront l'argent nécessaire. Elles seront, selon l'expression célèbre, les « vaches à lait du Parti ».

D'après Louis Bertrand, un des fondateurs réformistes du Parti, le but de celui-ci est « l'émancipation sociale du travail et son moyen est double : organisation professionnelle, et, grâce au droit de suffrage, la conquête des pouvoirs publics ».

.

Le *P. O. B.* (*Parti Ouvrier Belge* ou *Parti Socialiste de Belgique*) a conservé la même composition générale qu'au début. Il est bon de la préciser ici. Il se compose des « trois formes d'organisation ouvrière ». Il comprend : 1° Les ligues ouvrières qui sont des organismes exclusivement politiques, d'effectifs très réduits; on évalue le nombre approximatif de leurs membres à environ 15.000; 2° Les syndicats « affiliés » au Parti (il y a des syndicats « non affiliés » ou indépendants, tels le syndicat des cheminots, les syndicats textiles de Verviers), comptant environ 550.000 membres; 3° Les coopératives socialistes.

Le *mouvement syndical* « de lutte de classe » est concentré dans la *Commission syndicale de Belgique* ou C. S. (C. G. T. belge), qui comprend : 1° les syndicats affiliés au Parti Ouvrier Belge; 2° les syndicats « indépendants », admettant le principe de lutte de classe.

Le P. O. B. et la C. S. sont animés du même esprit réformiste. Ce sont d'ailleurs généralement les mêmes hommes qui sont à la tête des organisations politiques et syndicales. Le bureau de la Commission syndicale a d'ailleurs dans son sein des délégués du P. O. B., et le Conseil général du P. O. B. (Comité Directeur), compte également des délégués de la Commission syndicale. Dans chaque arrondissement il y a une fédération du P. O. B. qui, dans ses séances, réunit également des délégués politiques et syndicaux dans des Maisons du Peuple communes. L'interpénétration est donc complète (1).

L'année 1888 fut marquée par des dissensions socialistes. Le *Parti Républicain Socialiste*, qu'avait fondé Defuisseaux, préconisait comme moyen d'action, pour obtenir le S. U., la grève générale immédiate,

______

(1) Ajoutons que les « trois formes d'action ouvrière » : syndicale, coopérative, politique, sont de tradition en Belgique. Le « socialiste complet » est celui qui participe aux trois moyens de lutte prolétarienne. A des degrés divers, cette situation se rencontre dans d'autres pays. Ce qui est spécifiquement belge, c'est l'union intime dans un seul groupement, la fusion, du syndicalisme, de la politique et de la coopération.

Le Parti Ouvrier Belge est, dans la mesure où une comparaison est exacte, le « Trust de l'action ouvrière ». Sans doute, pour leur action spéciale, particulière, les syndicats et les coopératives sont indépendants du Parti politique, mais pour leurs directives générales, ils lui sont subordonnés. Cet état de choses offre pour les communistes les plus graves inconvénients. L'esprit du P. O. B. règne en maître dans les syndicats « affiliés » au Parti, et nombre d'ouvriers qui sont de cœur avec nous n'osent rejoindre nos rangs de crainte d'être expulsés de leurs organisations syndicales.

alors que le P. O. B. voulait une tactique de prudence. Malgré ce dernier, la grève générale fut déclarée et le mouvement fut marqué par des explosions de dynamite aussi nombreuses que suspectes. La magistrature impliqua dans une accusation de « complot contre la sûreté de l'Etat » tous les militants du *Parti Socialiste Républicain*. Mais le dossier du procès révéla ce fait que Laloi, le président du Congrès de Chatelet où on avait décrété la grève générale, n'était autre qu'un « indicateur de la sûreté »; que le pourvoyeur de la dynamite officielle était le sieur Pourbaix, correspondant familier du chef de cabinet catholique Beernaert. Il fut démontré, en plus, que le premier ministre avait laissé poursuivre devant les assises un militant socialiste, alors qu'il savait que ce dernier n'était pas l'auteur du manifeste incriminé.

Le *Grand Complot* eut, par réaction, comme résultat, au Congrès de Louvain, de sceller l'union des socialistes belges, par la fusion du P. O. B. et du Parti Républicain Socialiste.

Cependant l'agitation grandissait en faveur d'une révision de la Constitution pour l'obtention d'un droit de suffrage plus élargi. Non seulement le P. O. B. s'attelait avec énergie à cette campagne, mais certains groupes bourgeois faisaient chorus, l'opinion s'émouvait et M. Beernaert, voulant sans doute faire oublier sa honteuse conduite de 1887, accepta, en 1890, une proposition de révision. La bataille parlementaire dura trois ans, et ce ne fut que le 18 avril 1893 — par 116 voix contre 14 et 6 abstentions — que le Parlement adopta le système dit du « vote plural ». Tous les citoyens belges mâles âgés de 25 ans obtenaient le droit de voter, mais certaines catégories (capacitaires et censitaires) pouvaient avoir jusqu'à deux votes supplémentaires. Ce système perdura jusqu'à l'armistice, où le S. U. égalitaire fut enfin octroyé.

L'obtention du « vote plural » fut un événement marquant dans la politique belge. Il ne fut obtenu qu'après une vive agitation qui dura plus de trois ans. Les bourgeois catholiques et libéraux sentaient la nécessité d'étendre le droit de suffrage : ils différaient d'avis sur le système à adopter. Les catholiques étaient partisans du système anglais de l' « habitation » ou de l' « occupation »; les libéraux modérés proposaient une mixture de la capacité et du cens. Le P. O. B., soutenu par les progressistes, demandait le S. U. Devant la volonté arrêtée du gouvernement de ne pas céder, la grève générale fut proclamée (avril 1893). Enfin, le 18 avril 1893, eut lieu à la Chambre une séance historique. La commission de révision déposa son rapport concluant à l'adoption du vote plural. Le gouvernement catholique s'y rallia par la voix du chef de cabinet, M. Beernaert. Son ennemi intime, M. Woeste, chef de la droite (Parti Catholique), conservateur intraitable, luttant aujourd'hui encore pour les idées de réaction (1), s'opposa au vote du projet. Il dit notamment : « Je le sais, le vote plural introduit certaines garanties. Je ne veux pas en méconnaître l'importance. Mais la question est de savoir si ces garanties pourront subsister. *Dire à l'ouvrier : nous vous donnons le droit de suffrage, mais vous ne compterez que pour un tiers, alors que la bourgeoisie comptera pour une*

---

(1) Depuis que ces lignes ont été écrites, M. Woeste vient de mourir (avril 1922).

unité entière, c'est, selon moi, ébranler dans ses bases l'édifice que l'on veut élever. Et puis on va voir, dans chaque lutte électorale, ceux qui ne jouiront que d'un vote, ceux qui seront dans cette situation d'infériorité, on va les voir chercher à imposer aux candidats une nouvelle révision de la Constitution pour faire disparaître une barrière qu'on a appelée à juste titre une barrière de carton ».

M. Woeste avait raison. Le jour même où la loi fut votée, le Conseil général du P. O. B. décidait en même temps que la cessation de la grève, de commencer la lutte pour l'abolition du vote plural, lutte qui devait durer un quart de siècle.

Enfin, en octobre 1894, avaient lieu, sur la base du nouveau régime électoral, des élections générales qui envoyaient à la Chambre 104 cléricaux, 20 libéraux et, à la grande terreur de la bourgeoisie, 28 socialistes.

La phase parlementaire du Parti Ouvrier Belge allait commencer.

c) La période parlementaire et l'efflorescence du réformisme (1894-1914)

La période qui s'ouvre en 1894 peut se caractériser par le fait du maintien inébranlable au pouvoir du Parti Catholique (et ce malgré les efforts souvent conjugués des partis socialiste et libéral), par la diminution du Parti Libéral et l'augmentation du Parti Socialiste.

Le *Parti Catholique* conservateur voit se créer dans son sein une « Jeune droite démocratique ». Sous l'inspiration de l'Encyclique « *Rerum Novarum* », la « démocratie chrétienne » apparaît en Belgique, malgré la tenace opposition des chefs du Parti Catholique (1).

Le *Parti Libéral* évolue lui aussi et tente de se rajeunir. On honore les grands ancêtres — Frère-Orban, Bara, — mais on ne les imite pas. Malgré ce rajeunissement le parti diminue sans cesse. De plus en plus ses éléments conservateurs vont au Parti Catholique, considéré comme meilleur défenseur du régime bourgeois; les rares ouvriers qu'il avait réussi à embrigader, les petits bourgeois besogneux, viennent au Parti Ouvrier Belge.

Quant à ce dernier, le parlementarisme lui est fatal. Il n'a jamais été révolutionnaire. Réformiste dès sa

---

(1) Nous ne pouvons retracer ici tout le mouvement « démocrate chrétien » de Belgique. Ce sujet, avec les conclusions qu'il comporte, exigerait seul une longue étude. Rappelons-en seulement les phases principales : 1885, création du P. O. B.; 1886, émeutes du Hainaut; 1887, Congrès des œuvres catholiques de Liége; 1891, Encyclique « *Rerum Novarum* », apparition de l'abbé Pottier à Liége, qui fonde le journal *Le Bien du Peuple* et défend des doctrines très hardies; il crée *l'Ecole de Liége*; 1891, Fondation de la *Ligue Démocratique Belge*, qui se propose « de relever la situation morale et matérielle des travailleurs et d'amener la paix sociale ». Lutte ardente entre démocrates et catholiques conservateurs qui ont pour chef M. Woeste. Les riches cléricaux usent de pression sur les évêques et leur déclarent qu'ils refuseront de subsidier à l'avenir leurs œuvres si le mouvement démocratique est encore encouragé par eux. Les évêques cèdent. 1904, l'abbé Daens se présente à Alost, pour la Chambre, contre M. Woeste, et le met en ballotage. Fureur des cléricaux, qui obligent l'évêque de Gand à intervenir. Les persécutions commencent contre l'abbé Daens (interdiction de célébrer la messe en public, etc.). *La Justice Sociale*, organe des démocrates, le défend et est condamnée en justice. Défense à l'abbé Daens de se représenter comme député. L'abbé Pottier plie sous la tourmente et est nommé chanoine à Rome, il se retire du mouvement. L'abbé Daens continue la lutte. Puis la Démocratie chrétienne fusionne finalement avec le Parti conservateur, dont elle fait désormais partie intégrante. Ses chefs laïques : Carton de Wiart, Renkin, s'assagissent, deviennent députés et ministres. La période héroïque est close. Les leaders démocrates actuels, Heyman et Van Overbergh, sont entièrement parlementarisés.

naissance, il accentue sa chute dans cette direction.
Préoccupé de grouper les masses — ce qui est bien —
et surtout d'en faire des électeurs — ce qui l'est moins,
— il les entraîne par l'appât des « réformes immédiates ». Ces réformes ne seront conquises que s'il
possède de nombreux mandataires dans tous les corps
constitués. De là son acharnement pour la conquête
du vote égalitaire à tous les degrés. Il devient un pur
parti électoral. Affirmant dans les congrès les mêmes
revendications principielles, dans la pratique il ne
s'élève bientôt plus au-dessus d'un plat radicalisme.
Sa puissance numérique croît en proportion inverse
de sa force révolutionnaire, et par une évolution logique, il progresse dans la voie qu'il a suivie depuis
son début et qui le mènera aux reniements de 1914.

❖

L'entrée des socialistes au Parlement met rapidement en relief les nouvelles figures. César de Paepe et
Volders, hommes de premier plan, sont morts. Les
autres « anciens », — sauf Anseele, inculte, mais
d'une rare énergie — les Bertrand, Delporte, Defnet,
n'ont pas l'autorité et surtout la culture nécessaire pour
s'imposer. De nouvelles couches se lèvent et des fils de
la bourgeoisie prennent la tête du parlementarisme
socialiste. Vandervelde joue rapidement le rôle de
chef. Sa souplesse, son éloquence artificielle, étudiée,
son cabotinage, son entregent, sa virtuosité d'équili-
briste le servent à merveille dans une bataille où il
faut se mesurer avec les représentants de la bourgeoisie et lutter avec eux de finesse et d'intrigues. A ses
côtés De Brouckère, le théoricien, qui sera considéré,

jusqu'à la guerre, comme le représentant intangible de la pure doctrine et dont la chute soudaine, lors de la guerre, n'en sera que plus lamentable (1) ; Destrée, le dilettante sceptique et jouisseur ; Anseele, esprit pratique et réalisateur, tribun brutal qui se figure incarner les revendications de la classe ouvrière et croit lui avoir fait conquérir le pouvoir total le jour où il est devenu ministre. Et derrière ces hommes, la machine de plus en plus formidable du P. O. B., fonctionnant selon leur volonté, les auditoires enthousiastes et dociles et les profondes cohortes des travailleurs organisés répétant servilement la chanson du réformisme...

✳
✳ ✳

L'action du P. O. B. pendant la période que nous examinons est triple. Elle est d'organisation, de congrès, parlementaire.

1) *Le Parti continue son organisation, son dévelop-*

---

(1) Louis de Brouckère est sans aucun doute le plus solide pilier du P. O. B. Érudit de valeur, il est le « théoricien » du Parti sur lequel son influence est encore considérable. Il a représenté, avant la guerre, l'opposition farouche au réformisme. Il a même démissionné de la direction du *Peuple* après un vote de Congrès sur la collaboration ministérielle qu'il avait combattue. Il avait fondé une revue, *La lutte de classes*, qui réunissait les marxistes orthodoxes du P. O. B. A la guerre, de Brouckère est devenu subitement patriote et nationaliste. Il s'est engagé dans l'armée belge au début des hostilités. Il a soutenu la guerre du « Droit » et s'est opposé à toute tentative de paix. « Délégué » du P. O. B. avec Vandervelde, il a partagé le « jusqu'auboutisme » de celui-ci et, après la guerre, son ministérialisme. Lui, l'antiministérialiste déterminé, il a soutenu avec la même énergie qu'il le combattait autrefois, le ministérialisme socialiste. Il a lutté avec âpreté et mauvaise foi contre les « minoritaires » qui lui reprochaient sa conduite. Son « apostasie » — s'appliquant à lui le terme n'est pas trop fort — serait à coup sûr une des plus inattendues et des moins explicables, si on ne se souvenait de ses origines bourgeoises.

pement, sur les bases que nous avons indiquées. Le recrutement se fait de façon méthodique. Le travailleur belge possède de précieuses qualités d'organisation et de persévérance. Les hauts et les bas d'opinion, les fléchissements soudains d'effectifs sont moins à craindre avec lui qu'avec la classe ouvrière des pays méridionaux, plus impulsive et mobile. Cette organisation lui permettra de soutenir deux grèves générales, en 1902 et en 1913, de perfectionner et de développer ses syndicats qui se monteront à 120.000 membres à la veille de la guerre; de créer des coopératives géantes : le « *Vooruit* » (En Avant) de Gand, la « *Maison du Peuple* » de Bruxelles, le « *Progrès* » de Jolimont, qui se révéleront, en cas de lutte, comme de puissants arsenaux de la classe ouvrière. (1)

2) *Les Congrès du P. O. B.*

Ils se tiennent toutes les années, renforcés parfois, lorsque les circonstances l'exigent, de *Congrès extraordinaires*. Ils se distinguent non par l'envolée ou l'idéalisme des questions traitées, et en cela ils diffèrent profondément des congrès français, mais ils sont remarquables par la précision des problèmes exami-

---

(1) L'esprit pratique des Belges a pu se donner libre carrière dans l'œuvre des coopératives. Celles-ci constituent, matériellement, une ressource inappréciable pour le prolétariat socialiste. Elles sont d'ailleurs devenues aujourd'hui de pures institutions commerciales, malgré les efforts de certains camarades. Leur système de vente au public et le pourcentage qu'elles accordent à leurs clients indiquent que leur principale préoccupation est le développement de leurs affaires. Elles consacrent une partie de leurs bénéfices à l'œuvre de propagande socialiste. Leurs locaux servent, moyennant paiement, de bureaux aux syndicats affiliés au Parti et de lieux de réunion pour les séances politiques et syndicales. En ce moment-ci, des tentatives sont faites pour éliminer des coopératives les membres du Parti Communiste belge.

nés, soit d'organisation générale ou d'actualité, soit d'applications pratiques, de réformes à obtenir. La préoccupation constante du prolétariat belge, tel que l'ont fait les années de misère subies et la déformation de l'action social-démocrate, s'y fait jour. Un grand souci d'unité — je dis souci plutôt que désir — traverse ces assises. L'unité est exaltée : non pour l'unité réelle des cœurs, des intelligences sur des bases principielles communes, mais l'unité des votes, artificielle, qui ne solutionne pas les antagonismes, mais les calme momentanément, les endort jusqu'au jour inévitable où, plus impérieux, ils réapparaissent et exigent satisfaction. Et le grand art des virtuoses du P. O. B., ce sera, comme aux congrès de la II' Internationale, d'arrondir les angles, de faire voter des motions lénitives à phraséologie révolutionnaire, qui leurreront une fois de plus les naïfs et maintiendront tant bien que mal une unité factice (1).

3) Et, enfin l'*action parlementaire.* Elle tient en deux mots : conquête du droit de suffrage intégral, lutte pour les « réformes » (2).

Le droit de suffrage intégral ne sera conquis, nous l'avons indiqué, qu'après la guerre; mais le 24 no-présentation *proportionnelle* aux élections législatives

---

(1) On conçoit qu'il serait fastidieux de recenser toutes les questions traitées dans les divers congrès du P. O. B. Nous ne voyons pas l'utilité d'en dresser un inventaire. Les questions parlementaires y ont tenu la place principale (lois ouvrières, suffrage universel, etc.). Les mouvements de masse y ont été envisagés (grève générale) dans des buts politiques réformistes. Si des questions syndicales y ont été souvent traitées, c'est qu'en fait — qu'on ne l'oublie pas — le P. O. B. est essentiellement un conglomérat de syndicats beaucoup plus qu'un Parti politique proprement dit.

(2) Dans notre chapitre sur la législation ouvrière, nous avons indiqué les principales réformes obtenues.

Et de nouveau c'est une accentuation de la lutte pour l'obtention du S. U. Les socialistes la mènent de commun accord avec un certain nombre de députés libéraux. Le 27 novembre 1900, Vandervelde dépose, au nom de la gauche socialiste, une proposition de loi établissant le S. U. à la commune et à la province. Au Congrès du Parti, en 1901, il est décidé d'avoir recours, le cas échéant, à la grève, pour obtenir le S. U. En novembre 1901, le projet de loi présenté par Vandervelde est rejeté. Dépôt est fait par lui d'une proposition de révision de l'art. 47 de la Constitution concernant le droit de vote; l'agitation grandit dans le pays, des manifestations se produisent, partout l'émeute gronde et le Conseil général du P. O. B. appelle le prolétariat à la grève générale, mais bientôt la fait cesser sans qu'aucun résultat soit obtenu (1).

En 1913, la bataille par la grève recommence à nouveau. Le 2 juin 1912 avaient eu lieu les élections législatives qui avaient profondément désillusionné les travailleurs qui croyaient à la chute du gouvernement

(1) Nous avons à dessein été très bref sur l'action parlementaire socialiste. Ses résultats (la législation ouvrière) sont étudiés dans un chapitre spécial. Il nous a paru sans intérêt de donner ici des extraits de discours. Ceux-ci ont évidemment suivi la même évolution que toute l'action du P. O. B. Ardents au début — un réformiste peut « *parler* » très violemment — ils se sont rapidement assagis. Les parlementaires ouvriers ont eu pendant quelque temps un langage prolétarien, mais leur influence a été réduite. Les fils de la bourgeoisie — devenus socialistes, les Vandervelde, Destrée et consorts — les ont rapidement dominés. Dans l'atmosphère spéciale du Parlement, où la lutte de parole donne trop souvent l'illusion de l'action révolutionnaire, nos honorables se sont distingués — au début — contre la bourgeoisie dans des batailles épiques qui n'ont jamais fait de mal à celle-ci. Est-il besoin d'ajouter qu'aucun effet utile ne pouvait sortir de ces parlotes et que les chefs du P. O. B. étaient toujours prêts à prêcher le calme si par hasard quelques candides néophytes, prenant leurs paroles au sérieux, avaient voulu passer de la parole à l'acte...

clérical qu'on leur avait promise depuis si longtemps et qui constatent qu'il sort renforcé de la bataille. L'exaspération s'empare des masses. Le 30 juin 1912, le Congrès du P. O. B. décide de décréter la grève générale si, par les voies parlementaires, satisfaction n'est pas obtenue. Ce cas s'étant réalisé, la grève éclata le 14 avril 1913 et dura plusieurs jours. Elle eut pour résultat d'obliger le gouvernement à nommer une « commission d'étude ». Et comme les chefs du P. O. B. se retrouvaient ici sur leur terrain parlementaire, ils firent accepter par les travailleurs la solution intervenue et la grève cessa.

La classe ouvrière belge avait cependant montré, dans cette dernière tentative, ce dont elle eût été capable si ses moindres gestes, d'apparence combative, n'étaient immédiatement arrêtés par ceux qui la dirigeaient et qui craignaient par-dessus tout que la lutte ne revêtit un aspect vraiment révolutionnaire (1).

d) Le socialisme de guerre (1914-1918)

Le 4 août 1914, les Allemands pénétraient en territoire belge. Vandervelde, chef incontesté du P. O. B., était nommé ministre d'Etat (2) et « dans un même

---

(1) La résolution adoptée par le Congrès dit en propres termes : « Nous voulons la grève générale, nous la préparons formidable et irrésistible, mais nous la voulons pacifique, en dépit de tous les incidents possibles ». Les rédacteurs ultra-réformistes de cet ordre du jour se sont-ils demandé ce qu'il conviendrait de faire si précisément la grève ne pouvait devenir « irrésistible » qu'en cessant d'être « pacifique » ?

(2) En Belgique, outre les ministres ordinaires ou à portefeuille, dirigeant leurs départements ministériels, il existe des « ministres d'Etat » à titre purement honorifique, qui sont en quelque sorte les conseillers de la Couronne et que le roi consulte dans les circonstances politiques graves.

élan patriotique », tous les députés se serraient autour du gouvernement. L' « Union Sacrée » commençait.

La Belgique fut rapidement envahie. Le 20 août, les Allemands entraient à Bruxelles, fin septembre Anvers tombait, et, moins de deux mois après le commencement des hostilités, tout le territoire belge était occupé, à l'exception de l'étroite bande de l'Yser.

Une vie toute particulière commença alors pour le P. O. B. Le gouvernement s'était retiré en France. Il s'installa bientôt à Sainte-Adresse, près du Havre. Le ministre d'Etat, bientôt ministre à portefeuille, Vandervelde, l'avait évidemment accompagné; dans la suite le député Brunet, actuellement président de la Chambre, fut également nommé ministre. Bon nombre de parlementaires avaient suivi le gouvernement et furent, comme lui, sans contact direct avec le pays, pendant toute la durée de la guerre. Les mandataires restés au pays séjournèrent dans leurs circonscriptions, où la plupart s'occupèrent des multiples « œuvres de guerre » (1) dans lesquelles également régnait l'Union Sacrée. Malgré les difficultés de l'occupation et la censure militaire allemande, une certaine activité politique cachée put encore se maintenir. Le Conseil général du P. O. B. se réunissait secrètement, de même que la Commission Syndicale; les syndicats eurent une activité réduite à la distribution de secours à leurs membres; les ligues ouvrières — organismes po-

---

(1) Le ravitaillement du pays fut assuré par un Comité hispano-américain; en plus furent créées diverses œuvres de secours : orphelins de guerre, œuvres pour les débilités, secours de chômage, etc., dans lesquelles entrèrent des membres des trois partis, toujours « dans un même sentiment d'union patriotique ».

litiques, — se « camouflèrent » et s'efforcèrent, dans une mesure diminuée, de maintenir le contact avec leurs affiliés. La Centrale d'Education Ouvrière reprit ses cours à partir de la session 1915-16, et malgré certaines difficultés, réussit tant bien que mal à assurer sa mission d'éducation socialiste (1). De leur côté, les coopératives remplirent, au point de vue alimentaire, un rôle éminemment utile. En un mot, le P. O. B. s'efforça de continuer son activité dans la mesure, parfois très réduite, où le lui permettaient les circonstances.

D'autres membres éminents du Parti avaient également quitté le pays, notamment de Brouckère et H. de Man, secrétaire de la Centrale d'Education Ouvrière, et s'étaient engagés, au début des hostilités, dans les rangs de l'armée belge.

Bientôt Vandervelde et de Brouckère — lequel quitta rapidement le service militaire — furent désignés par le Conseil général comme les délégués du P. O. B.

Le Conseil général était, dans son unanimité, chauvin et nationaliste, ce qui ne doit nullement nous étonner, le nationalisme étant une des conséquences inévitables du réformisme. Dépourvu de la culture doctrinale qui lui aurait permis de comprendre les

---

(1) Depuis 1911, le P. O. B. a créé une organisation : « La Centrale d'Education ouvrière » (C. E. O.), qui fait dans tout le pays des cours et conférences d'éducation socialiste, syndicale et coopérative. La vie matérielle de cette organisation est assurée par un don d'un million de francs fait, sans condition d'aucune espèce, par M. Solvay, le grand industriel belge, et par les subsides des organisations du P. O. B. (Voir la série d'articles que nous avons consacrés à la C. E. O. dans le *Bulletin Communiste* n° 7, IIIe année, et suivants, et dans l'*Humanité* du 27 avril 1922.

raisons profondes des événements, il envoya à Vandervelde et de Brouckère des « instructions » dont on peut deviner le sens. En fait, jusqu'à la fin de la guerre, Vandervelde et de Brouckère luttèrent pour le jusqu'auboutisme le plus effréné et, à tous les moments de la guerre, combattirent toute tentative de rapprochement avec les « socialistes ennemis ».

Stockholm vint (1) et ce fut le point de discrimination entre « jusqu'auboutistes » et « pacifistes », entre « majoritaires » et « minoritaires ». On fut pour ou contre Stockholm, selon que l'on était nationaliste ou internationaliste. Huysmans, secrétaire du Bureau international, lutta pour Stockholm avec souplesse et ténacité. Les circonstances ne permirent pas cette réunion. Mais les discussions se firent plus vives au sein du P. O. B., les oppositions s'affirmèrent avec plus de netteté, et en dehors du Conseil général et de la Commission syndicale, forteresses intangibles du nationalisme socialiste, l'opposition commence à se préciser. Et lorsque l'armistice survint, en novembre 1918, elle était prête à la lutte (2).

**

En plus des « minoritaires » s'affirmant au sein du P. O. B. et désireux de mettre fin au massacre qui se

______

(1) Si je ne parle pas ici des réunions de Kienthal et de Zimmerwald, c'est qu'elles furent relativement peu connues en Belgique, et que les minoritaires tout au moins n'eurent pas l'occasion de prendre position.

(2) Le « jusqu'auboutisme » des majoritaires apparaît comme particulièrement monstrueux, quand on songe qu'actuellement ils mettent leurs mains dans celles de Noske et de Scheidemann, soutiens fidèles du Kaiser et complices des assassins de Rosa Luxembourg, et qu'ils combattent les communistes allemands, les seuls qui, pendant la guerre, encore dans les rangs des « indépendants », luttaient contre la guerre que soutenaient de toutes leurs forces les majoritaires belges.

prolongeait au seul profit du Capitalisme, d'autres courants d'opinion pacifiste se manifestaient.

La misère de la classe ouvrière — manuelle et intellectuelle — était effrayante. Affamés, débilités, les travailleurs aspiraient ardemment à la fin des hostilités. Le chômage était quasi général, le ravitaillement notoirement insuffisant. Pouvaient seuls améliorer leurs conditions de vie les bourgeois qui avaient les ressources nécessaires pour acheter à des taux usuraires les matières alimentaires aux fermiers réalisant de formidables bénéfices sur la misère générale. Ce fut à cette époque que la « lutte de classe », que l'on s'efforçait de faire disparaître au profit de la haine des races, s'affirma, pour tout esprit clairvoyant, sous sa forme la plus aiguë. Alors en effet que le simple soldat allemand — fils de prolétaire — caserné sur le sol belge, souffrait de la faim lui aussi, ses officiers et la bourgeoisie riche de Belgique pouvaient se procurer — disposant des moyens d'achat suffisants — le nécessaire et même le superflu.

La guerre se prolongeait. Le prolétariat, ne pouvant rien pour en abréger la durée, étant forcé de se résigner, dressé d'ailleurs à la patience par ses chefs qui, loin de lui exposer les causes réelles du conflit et de le pousser à la révolte contre le régime social générateur de guerres, s'efforçaient au contraire d'attiser chez lui la haine unique de l'Allemagne. Et l'envoûtement de cet « antibochisme », soigneusement entretenu pendant toute la guerre, devait se prolonger longtemps après l'armistice...

Seuls, au sein du P. O. B. et pour des motifs pure-

ment socialistes, les « minoritaires », les « stockhol-
mistes » voulaient la fin du massacre.

D'autres « pacifistes » cependant, — d'une autre
espèce, — étaient apparus. Je veux parler des « Flamingants » et des « Wallingants » (1).

Les deux peuples qui composent la Belgique sont
différents de race, de langue, de traditions. Alors que
les Wallons, de race latine, sont plus vifs, plus légers,
d'un tempérament plus frondeur, ont une formation
intellectuelle uniquement française, sont généralement
libres penseurs et d'idées politiques avancées, par suite
du milieu plus industriel dans lequel ils vivent, les
Flamands au contraire, de race et de langue germa-
niques, sont de tempérament plus calme, soumis de-
vantage à l'influence catholique, d'occupation agricole
plus qu'industrielle. Ces deux races sont accolées plutôt qu'unies, par la volonté des grandes puissances qui
n'ont jamais pu s'entendre sur un partage éventuel
du pays. La Belgique, à notre sens, n'est pas une nation, mais une simple « expression géographique »
d'existence purement artificielle et qui prendra fin le
jour où les intérêts diplomatiques qui lui ont donné
naissance cesseront d'exister.

Dans toute la Wallonie, le français est la langue
commune, le wallon, qui d'ailleurs disparaît, ne servant plus guère qu'aux rapports des ouvriers entre
eux. En Flandre, le français est la langue de la bour-

______

(1) Lors de la paix de Brest-Litovsk, quelques « pacifistes »
avaient envoyé de Bruxelles un télégramme à Trotsky, le féli-
citant d'avoir donné la paix à la Russie. Ces personnes furent
évidemment dénoncées à la vertueuse indignation des patriotes
qui, après la guerre, leur firent expier leur pacifisme.

geoisie, le flamand celle du peuple. En général, le français domine en Belgique où le flamand est généralement considéré comme une langue de second ordre.
Cette situation s'explique par ce fait que la bourgeoisie a dédaigné rapidement une langue confinée à un
espace restreint et a adopté une langue de grande communication. Classe dominante dans le régime actuel,
elle a imposé, dans la mesure du possible, cette langue
à la classe ouvrière.

D'autres considérations — situations économiques
respectives de la Flandre et de Wallonnie, aires de diffusion du français et du flamand... — ont imposé la
supériorité d'une langue sur l'autre. La conséquence
pratique a été qu'en nombre de circonstances — dans
l'enseignement, l'armée, l'administration, — les Flamands se sont sentis infériorisés et ont réagi. Un
« mouvement flamand » est né. Il est actuellement
partagé en plusieurs nuances. Pendant la guerre les
revendications des « flamingants » — ainsi nomme-
t-on les Flamands outranciers — se sont affirmées, et
certains d'entre eux, les « activistes », ont été jusqu'à
préconiser la « séparation administrative » de la
Flandre et de la Wallonnie et l'érection de la Flandre
en communauté indépendante. Ils demandaient en
même temps la paix immédiate — pour des raisons de
pacifisme bourgeois.

Certains Wallons, les « wallingants », étaient eux
aussi partisans de la séparation administrtive, de l'au-
tonomie de la Wallonnie, et de la paix.

Le mouvement « wallingant » est loin d'avoir eu la
même étendue que le mouvement « flamingant ». La

séparation administrative a été réellement effectuée par les Allemands occupant la Belgique. Elle a été supprimée évidemment après la guerre par le gouvernement belge réoccupant le pays et les « activistes » poursuivis et condamnés pour haute trahison. Actuellement, le conflit flamand-français continue, et le gouvernement se trouve très embarrassé pour prendre parti, car ce mouvement déborde les cadres politiques établis.

La tactique du P. O. B. a été de faire comprendre aux prolétaires que les conflits de race sont secondaires et qu'ils ne constituent qu'un dérivatif dangereux à la seule lutte réelle : le combat des classes. LA LUTTE RACIQUE N'EST QU'UNE DÉVIATION DANGEREUSE DE L'ACTION OUVRIÈRE, CAR ELLE OPPOSE LES UNS AUX AUTRES LES PROLÉTAIRES DE RACE ET DE LANGUE DIFFÉRENTES.

Le Parti Communiste Belge s'est préoccupé, dès sa création, de cette question. Il estime que le peuple flamand doit avoir le droit de se développer intégralement dans sa langue. Il s'efforce d'unir dans une même lutte anticapitaliste les deux peuples vivant côte à côte sur le sol belge (1).

**

Pendant la guerre, les socialistes belges occupés en Angleterre et en France s'étaient organisés. En Angle-

---

(1) Il importe de ne pas confondre l'action pacifiste des « activistes » ou « Wallingants », avec celle des « minoritaires » belges. Ceux-ci voulaient le plus tôt possible, *par des moyens socialistes* — réunion des prolétariats « ennemis » et neutres et action commune de ceux-ci — arriver à imposer la paix à *tous* les capitalismes sans s'appuyer sur aucun d'entre eux, ni en favoriser aucun.

Les « activistes » — de l'une ou l'autre race, dont bon nom-

terre, Eeckeleers, secrétaire des métallurgistes d'Anvers, avait réuni syndicalement les travailleurs belges. En France, deux courants se manifestèrent. L'un « jusqu'auboutiste », sous l'influence de Vandervelde et consorts, ayant pour organe le *Droit du Peuple*. l'autre, à tendances internationalistes, groupé autour de Huyssen, de Pauly, de Decoster. Enfin Huysmans, secrétaire de la II° Internationale, avait formé en Hollande un groupe ayant pour journal le *Socialiste belge*, également internationaliste, combattu par Terwagne, patriote fougueux qui fut exclu par la suite du P. O. B.

En conclusion, nous pouvons dire que, en Belgique, sauf une minorité infime, les socialistes furent tous victimes de la psychose de guerre. Ils se montrèrent en cela logiques avec les directives de la II° Internationale qui — sauf indications générales qui ne liaient personne — laissait à chaque nation le soin d'agir au mieux des circonstances. Ajoutons à cela la théorie fallacieuse de la guerre offensive et défensive, et nous comprendrons l'inévitable reniement des chefs social-démocrates belges.

e) Après la guerre : Majoritaires et Minoritaires (1918-1921)

Pour rapporter de façon aussi précise que possible les événements marquants de cette période, nous

bre croyons-nous étaient des idéalistes désintéressés — se sont appuyés pour leurs revendications de paix sur un impérialisme bourgeois qui se servait d'eux pour la réalisation de ses fins propres. Méthode utopique, non seulement pratiquement mais principiellement. Car seul le prolétariat universel pourra faire la paix. En plus, le « nationalisme » racique des activistes est contraire à nos conceptions internationalistes et constitue, dans l'état actuel du monde, un facteur de régression.

croyons utile de reproduire ici un extrait du rapport présenté au 2e congrès des « Amis de *l'Exploité* » (1), le 17 février 1921, par l'auteur de cette étude.

Après avoir exposé le travail accompli pendant la guerre et que nous avons relaté au chapitre précédent, nous ajoutions :

L'armistice vint. Tous, nous avions espéré que la fin — officielle — de la guerre marquerait le réveil du Socialisme dans notre pays. Nous avons été amèrement désillusionnés. Loin de reprendre la « voie éprouvée et glorieuse de la lutte de classe », nous avons continué, en la renforçant, la politique de confusionnisme et de collaboration de classe. Le 1er Congrès du P. O. B. de novembre 1918 s'est trouvé devant le fait accompli : trois ministres socialistes : Vandervelde, Wauters et Anseele, étaient nommés, le Congrès n'eut qu'à ratifier leur nomination, ce qu'il fit d'ailleurs à une immense majorité — nous étions alors une vingtaine d'opposants. La classe ouvrière, dévirilisée par quatre années de misère, fut éblouie par les promesses magnifiques qui lui étaient faites (abolition de l'article 310, punition des accapareurs, taxation des bénéfices de guerre...). Hélas ! combien de ces promesses ont été accomplies ? Aux congrès successifs, les mêmes promesses — qui devaient être réalisées dans les six mois — ont été reproduites et des majorités — décroissantes, il est vrai — ont continué à accorder leur confiance à la politique de collaboration. Cependant celle-ci avait du plomb dans l'aile ; l'opposition grandissait et, au dernier Congrès de novembre 1920, où a été examinée la politique générale du Parti, ce fut à une majorité relativement faible — un peu plus de cent mille voix sur cinq cent mille — que le service de dix mois — condition imposée par la bourgeoisie à la constitution du ministère — fut acceptée.

Jusqu'à ce moment, notre activité s'était déroulée tout entière au sein du Parti Ouvrier Belge, et nos efforts n'avaient pas été inutiles.

Dans les diverses assemblées, comités, fédérations, groupes politiques, syndicats, dans nos conférences, dans l'*Exploité*, nous continuions la lutte, non seulement contre le ministéria-

---

(1) Le journal l'*Exploité* (qui avait existé avant la guerre sous la direction de Chapelier) fut recréé à l'armistice par Jacquemotte, aidé par un groupe de camarades. Les partisans de l'*Exploité* se formèrent en groupes d' « Amis de l'*Exploité* » (tels les *Amis du Populaire* en France) qui se fusionnèrent en une Fédération, laquelle tint, de 1918 à 1921, trois congrès dont le dernier décida la création du Parti Communiste. Ce fut toute cette activité qui indisposa le P. O. B. et l'amena aux mesures de répression rapportées ci-après.

lisme, que nous considérions avec raison comme le principal obstacle au retour de toute politique de lutte de classe, mais encore pour l'application en toute matière des thèses et principes socialistes. Qu'il suffise de rappeler notamment les campagnes de la Fédération Bruxelloise contre la loi des loyers, la vie chère, l'impôt sur le revenu et l'attitude très nette de l'*Exploité* sur les mêmes questions. Malgré les difficultés, les tracasseries, le boycottage systématique de notre organe et de nos partisans, en certains endroits notamment, tant que la liberté d'action suffisante nous fut conservée, nous étions fermement résolus à faire l'impossible pour continuer au sein du Parti notre action de redressement socialiste. Mais la décision prise au récent Congrès sur la Discipline du Parti devait, malgré nos efforts, nous obliger à déclarer que nous considérions ce vote comme une mesure d'exclusion du Parti Ouvrier Belge.

*

La discussion sur la Discipline du Parti fut remise à un Congrès restreint, qui se tint les 11 et 12 décembre 1920.

Le rapporteur, le citoyen Van Roosbroeck, égratignait tout d'abord dans son rapport quelques droitiers du Parti : Destrée, Brunet, Mathieu, Bertrand, puis, et surtout, il attaquait nettement la gauche. Il critiquait âprement l'activité de Jacquemotte, accusé de combattre les tendances et les militants du Parti et d'avoir créé des groupes d'Amis de l'*Exploité*.

La résolution proposée par la « Commission des Résolutions » ordonnait de mettre fin « à toutes campagnes de presse ou de réunions politiques qui tendent à diviser et à démoraliser la classe ouvrière en créant, sous prétexte d'amicales, un Parti dans le Parti, et déclarait, en ce qui concerne les « Amis de l'*Exploité* », « que cette forme d'activité constituait une violation des statuts du Parti et un manquement manifeste aux règles de discipline, qui, sous les mêmes sanctions, s'imposent aux groupes comme aux individus ».

De son côté, le citoyen Jacquemotte, membre de la Commission des Résolutions, dans une contre-proposition, invitait « les groupes d'Amis de l'*Exploité* » à ne point se départir du rôle qu'ils se sont assignés et qui est de maintenir et de développer l'hebdomadaire socialiste *L'Exploité*.

Cette contre-proposition *fut adoptée à l'unanimité par la Fédération Bruxelloise.*

Au Congrès, le débat s'engagea avec netteté. Il fut visible dès le début que les attaques contre la droite étaient une comédie et qu'elles ne constituaient en réalité qu'un paravent destiné à abriter les attaques autrement sérieuses dirigées contre la gauche. La question fut rapidement précisée et le but nettement découvert : il fallait supprimer les « groupes d'Amis de l'*Exploité* », pour atteindre plus directement le journal même.

Nos porte-paroles, les camarades Jacquemotte, Everling et Massart, acceptèrent la bataille sur ce terrain et justifièrent l'activité de l'*Exploité* et l'action minoritaire de la F. B.

En ce qui nous concerne spécialement, ils n'eurent pas de peine à démontrer que supprimer les « Groupes d'Amis », c'était atteindre, et gravement, l'*Exploité* lui-même et, par conséquent, supprimer pratiquement la liberté d'action de la tendance minoritaire.

Nos adversaires ne pouvaient arguer que nous tendions à former un Parti dans le Parti, puisque notre ordre du jour, très précis, disait que les « Groupes d'Amis » ne devaient pas s'écarter de leur but : la diffusion du journal.

Pour tout homme de bonne foi, la question était donc clairement posée et tout camarade voulant sincèrement l'Unité du Parti et reconnaissant le droit pratique de libre discussion pouvait et devait voter l'ordre du jour de la F. B., lui donnant entière et légitime satisfaction.

Personne ne rencontra directement notre affirmation. D'ailleurs, l'opinion des délégués était faite par avance et aucun doute à ce sujet ne fut plus possible, lorsqu'il s'agit de passer au vote. Les majoritaires avaient escompté le vote de la résolution de la Commission telle qu'elle était formulée, mais lorsqu'il fallut se compter, sur les deux seuls ordres du jour restés en présence, celui de la Commission et celui de Bruxelles, les délégués des Fédérations du Borinage et de Charleroi déclarèrent qu'ils ne pourraient voter l'ordre du jour de la Commission si on n'en retranchait au préalable, dans le 1er le membre de phrase : « Notamment en matière de politique internationale », qui pouvait sembler un désaveu de la politique de Brunet et de Destrée, et après un simulacre de résistance, la Commission des Résolutions accepta la modification. Mais quand, mu par un désir de conciliation, et dans l'espoir d'arriver à l'unanimité, un délégué proposa de retrancher également de la dite résolution le paragraphe concernant les « Amis de l'*Exploité* », cette proposition fut immédiatement repoussée et il fut même ajouté que si on admettait cette proposition, le Congrès aurait perdu son temps depuis la veille dans une discussion inutile !

L'aveu était flagrant : c'étaient nous seuls qui étions visés ! Ce fut alors que Jacquemotte, au nom d'une vingtaine de camarades, lut la déclaration qui a été reproduite dans l'*Exploité*, dans laquelle nous déclarions que nous étions forcés de considérer le vote de la résolution de la Commission comme constituant notre exclusion du Parti.

Nous voulions par une dernière tentative de conciliation montrer à la majorité l'importance du vote qu'elle allait émettre. Le résultat de cette tentative fut d'abord une intervention véhémente de de Brouckère, nous accusant de diviser le Parti et déclarant au nom des majoritaires que « puisque nous voulions la guerre, ils l'acceptaient », et ensuite le vote que l'on connaît.

Malgré toute notre bonne volonté, la patience et l'esprit de conciliation dont nous avions fait preuve, l'obstination et l'intransigeance des majoritaires nous acculaient à la scission.

Nous avons tenu à donner intégralement le fragment qui précède. Il nous paraît résumer de façon assez claire l'activité des minoritaires de Belgique. Par la parole et par la plume, pendant trois années, ceux-ci firent le possible pour défendre au sein du Parti Ouvrier Belge les principes et la tactique socialistes. Rien ne fut épargné par eux. Dans leur journal, *l'Exploité*; dans les syndicats (notamment au syndicat des Employés de Bruxelles, dont le secrétaire est Jacquemotte, directeur de *l'Exploité*); à la Fédération bruxelloise; dans des réunions qu'ils organisèrent dans tout le pays, ils firent tous leurs efforts pour convertir à leurs vues la majorité du prolétariat belge. Ce ne fut pas sans succès. Les minorités qu'ils obtenaient s'accroissaient dans les congrès successifs du P. O. B. C'est ce qui d'ailleurs inquiéta les chefs social-démocrates qui avaient d'abord dédaigné le mouvement minoritaire et qui, dans l'espoir de l'enrayer, obligèrent ensuite, par les manœuvres que nous avons précédemment indiquées, les socialistes révolutionnaires à se retirer du Parti (1).

Tous les éléments d'opposition n'avaient pas continué à militer au sein du P. O. B. En août 1920, en

____

(1) La grande préoccupation des minoritaires fut de faire disparaître la « collaboration ministérielle », qui dura en Belgique six années environ (1915-1921). Ils n'avaient pas l'illusion de croire que lorsqu'elle serait supprimée le Parti ouvrier Belge redeviendrait « *ipso facto* », un parti révolutionnaire, mais ils estimaient avec raison qu'elle était le principal obstacle à ce qu'il le redevînt. Leurs attaques, tout en embrassant le champ entier de la politique socialiste, visèrent surtout la participation au pouvoir bourgeois. La collection de *l'Exploité* est un réquisitoire détaillé des méfaits de l'Union avec la bourgeoisie et des reniements des chefs social-démocrates. L'idée « anticollaborationniste » fit des progrès sérieux dans le prolétariat belge, et ce fut elle qui assura, vers la fin de leur action, des minorités imposantes aux minoritaires belges.

effet, quelques camarades de la Jeune Garde Socialiste (Jeunesse socialiste) de Bruxelles, estimant, pour des raisons principielles, ne pouvoir rester au sein du P. O. B. créèrent un groupe communiste qui s'étendit, recruta des adhérents en province, et se constitua par la suite en Parti Communiste de Belgique (1). Ces camarades luttèrent dans leur journal, l'*Ouvrier Communiste*, non seulement contre le contre-révolutionnarisme du P. O. B., mais encore contre les minoritaires qui y étaient demeurés et qu'ils accusaient de « confusionnisme ». Ils déclaraient que la tactique qui s'imposait était la rupture nette avec le P. O. B. et l'affirmation complète des principes communistes. De leur côté, les minoritaires estimaient que leur présence — tout au moins provisoire — se justifiait, au sein du P. O. B., pour essayer de ramener la classe ouvrière aux principes et à la tactique révolutionnaires.

Nous n'avons pas l'intention de discuter à nouveau cette question aujourd'hui solutionnée d'ailleurs par l'union des deux tendances dans le Parti Communiste belge actuel. En plus, ayant milité activement dans une des « tendances » et estimant qu'elle a fait dans l'intérêt de la classe ouvrière ce que commandaient les circonstances, nous tenons, par souci d'objectivité, à ne pas revenir sur une discussion qui n'a plus actuellement qu'un intérêt rétrospectif.

***

La scission des minoritaires et du P. O. B. à laquelle

---

(1) Les minoritaires sortis par la suite du P. O. B. créèrent un second Parti Communiste. Les deux fusionnèrent pour former le Parti Communiste belge actuel. (Voir chapitre suivant).

fait allusion le rapport dont nous avons donné un extrait, se produisit quelques mois plus tard.

Le II° Congrès des Amis de l'*Exploité*, tenu le 27 février 1921, à Bruxelles, avait adopté l'ordre du jour
suivant :

Le Congrès des Amis de l'*Exploité*;
Considérant que l'action révolutionnaire en Belgique doit être
renforcée et précisée;
Décide :
1° Qu'un programme exposant nettement les principes de notre
action sera dressé par une commission nommée à cet effet par
le Congrès; ce programme, au point de vue intérieur, exposera
les modalités dans lesquelles doit se dérouler notre action révolutionnaire en Belgique; au point de vue extérieur, il spécifiera
notre adhésion morale aux thèses de la III° Internationale.
2° Ce programme servira de directive à la rédaction de l'*Exploité*, à l'action de nos groupes, à notre action de propagande
méthodique dans le pays.

A ce moment les minoritaires étaient divisés sur
l'attitude à prendre.

Alors que certains d'entre eux voulaient continuer
à rester dans le P. O. B., d'autres estimaient que le
moment était venu de se séparer d'une organisation
où la propagande révolutionnaire était devenue impossible. Ce fut dans ces circonstances que l'auteur
de ces lignes, chargé du rapport, émit les considérations suivantes, qui résument les raisons principielles
de la scission :

Il est nécessaire de se rappeler qu'au II° Congrès, un certain
nombre de nos camarades estimaient que nous devions rompre
définitivement avec le P. O. B. et constituer immédiatement un
Parti Communiste. Après une discussion approfondie, le Congrès décida finalement de s'en tenir à l'élaboration d'un programme de principes et d'action *spécifiant notre adhésion morale à la III° Internationale*. C'est cette pensée fondamentale
qui nous a guidés dans l'élaboration de ce projet.

*

Actuellement, dans le monde entier, chez tous les travailleurs
organisés, le problème qui se pose est : II° ou III° Internationale; c'est-à-dire méthodes démocratiques bourgeoises ou mé-

thodes révolutionnaires. En Belgique, où le P. O. B. inféodé jusqu'à ce jour — pour des raisons que tous connaissent — à la
II° Internationale, maintient encore les masses ouvrières dans
la passivité et l'ignorance, le besoin d'une réaction se fait sentir
avec force. Cette réaction nous l'avons tentée jusqu'à ce jour au
sein du P. O. B. Dans le rapport soumis au dernier Congrès, nous
avons fait l'exposé du travail accompli depuis l'armistice par les
« minoritaires » ; nous n'y reviendrons pas.

Nous estimons aujourd'hui que cette action « renforcée et
précisée » à laquelle nous a conviés le Congrès précédent ne
peut plus s'effectuer dans les mêmes conditions que par le passé.

Mais comment doit se manifester notre changement d'attitude ou, plutôt, ce que nous appellerons l'évolution nécessaire ?
Cette évolution doit-elle se faire au point de vue principes ou
simplement au point de vue tactique ? Il convient donc de préciser, et trois hypothèses s'offrent à nous pour déterminer notre
attitude.

1° Ou bien travailler dans le P. O. B. en vue d'essayer de le
faire revenir aux principes du programme de Quaregnon, sa
charte constitutive ;

2° Ou bien encore essayer, toujours dans le P. O. B., de substituer à ce programme celui que nous proposons ci-après ;

3° Ou, enfin, nous séparer du P. O. B. et réaliser notre programme dans le Parti que nous aurons créé.

Examinons brièvement ces trois hypothèses :

a). — LE RETOUR AU PROGRAMME DE QUAREGNON

Nous y sommes opposés pour des raisons principielles et pour
des raisons pratiques.

Raisons principielles d'abord. — La déclaration de principes
placée en tête de ce programme est vague, incolore et manque
de précision et de netteté ; elle a pu répondre aux nécessités de
l'action en Belgique il y a 27 ans, elle ne répond certes plus aux
nécessités de l'action prolétarienne d'aujourd'hui. Au surplus, le
programme proprement dit (politique et économique) n'est que
l'énumération d'une série de réformes qui, même réalisées — et
elles ne le seront jamais en régime capitaliste — n'entameraient
pas la structure du régime actuel et n'ont pas, par conséquent,
de valeur spécifiquement révolutionnaire.

Raisons pratiques ensuite. — Ce programme fût-il suffisant, il
serait impossible, dans l'état d'impuissance révolutionnaire où
en est arrivé le P. O. B. de l'y ramener et de le faire appliquer.

b). — RÉALISER UN PROGRAMME NOUVEAU DANS LE P. O. B.

Seconde hypothèse. Elle nous paraît aussi irréalisable que la
première. Songer à faire admettre par le P. O. B. un programme
révolutionnaire, un programme communiste, est impossible. Pour
cela il faudrait, en effet, que les masses ouvrières fussent devenues suffisamment conscientes pour se débarrasser des chefs qui
les trompent avec un cynisme inégalé et qu'elles ont supporté

jusqu'ici ; ce serait admettre que les Congrès du P. O. B., formés
de fonctionnaires inaccessibles à nos raisonnements et à nos
principes, pussent subitement être convertis par nos théories ;
ce serait admettre enfin que les hauts fonctionnaires de la II*
Internationale, Vandervelde, Huysmans, etc., renonceraient béné-
volement, par amour du socialisme, à leur opposition au communisme international ; en un mot, ce serait admettre l'impossible.

c). — CRÉER UN PARTI POUR RÉALISER NOTRE PROGRAMME

Nous sommes donc amenés logiquement à examiner la troisième hypothèse — celle que nous préconisons — la création
d'un parti distinct du P. O. B., adoptant notre programme et le
réalisant.

Cette hypothèse admise — et nous n'en voyons pas d'autre
réalisable — quel sera et le programme et le parti à constituer ?
Nous n'hésitons pas à répondre que ce ne peut être que le programme du Parti communiste international.

PARTI COMMUNISTE OU PARTI SOCIAL-DEMOCRATE

Nous sommes très peu sensibles aux questions « étiquettes » :
nous ne savons que trop, par expérience, que le titre d'un parti
ne répond pas toujours aux conceptions qui y sont appliquées.
Nous ne croyons pas, d'autre part, que le fait de s'intituler
communiste confère à celui qui s'en pare la qualité de révolutionnaire.

Mais si nous sommes assez indifférents au titre d'un parti,
nous sommes, au contraire, très attentifs à ses conceptions et à
ses actes. Or, il n'est pas contestable qu'un abîme existe au
point de vue révolutionnaire — et c'est le point de vue qui nous
intéresse — entre la III* Internationale et les partis de masses
qui s'y rattachent réellement, et la II* Internationale et les partis
qui y sont encore inféodés. Et il est également hors de doute
que depuis la guerre une différenciation très nette — renou-
velée de celle de Karl Marx dans son manifeste communiste —
s'est opérée entre les partis s'intitulant socialistes et ceux se
réclamant du Communisme, ce dernier ayant actuellement le
sens que nous attachions aux termes « socialistes marxistes »
ou « socialistes révolutionnaires ».

Mais laissons cette question de l'étiquette que nous n'avons
examinée que parce qu'elle préoccupe encore certains de nos
amis, et voyons les conceptions elles-mêmes :

Elles ne peuvent être que celles du Parti communiste, avons-
nous dit. Aujourd'hui, en effet, il faut être pour ou contre la
III* Internationale, c'est-à-dire pour ou contre le socialisme entendu dans son sens révolutionnaire. Nous ne pouvons donc
admettre ni une Internationale intermédiaire ni un parti ou un
programme qui, sous prétexte d'opportunité, se réclameraient à
la fois des conceptions des deux adversaires. C'est donc à la

III⁰ Internationale que nous devons aller et c'est — conformément à la décision de notre récent Congrès — de ses thèses que nous devons nous inspirer.

*****

Et en ce qui concernait plus spécialement la situation existant à cette époque en Belgique, le rapport ajoutait :

Il nous reste à indiquer quelle est, à notre sens, la ligne de conduite à suivre en Belgique.

Pour des raisons principielles et pratiques dont la force s'accroît tous les jours, nous estimons que notre action ne peut se continuer au sein du P. O. B.

Celui-ci, soumis à l'influence de ses chefs, suit une politique nettement contre-révolutionnaire. En plus, la liberté d'action nous y est refusée en fait et par tous les moyens (refus des Maisons du Peuple, boycottage de l'*Exploité* et de nos partisans) et nous sommes constamment sous la menace de l'exclusion, qui n'est pas encore mise à exécution parce que dans l'intérêt de sa propre tactique, le P. O. B. a jugé utile de ne pas prendre cette mesure.

Nous ne pouvons raisonnablement prévoir le moment où nous pourrions amener le P. O. B. dans son ensemble ou dans sa grande majorité aux conceptions et pratiques de la III⁰ Internationale, à laquelle se rallient moralement et officiellement les Amis de l'*Exploité* depuis le dernier Congrès.

Bon nombre — on peut dire peut-être la totalité de nos partisans — auraient préféré que l'initiative de la scission vînt des rangs majoritaires.

La tactique eût, en effet, été préférable, malheureusement on ne commande pas à la tactique de ses adversaires.

Il n'est pas contestable, d'autre part, que si les majoritaires nous tolèrent encore dans leur sein, c'est parce qu'ils estiment y avoir avantage et qu'ils peuvent se servir de la présence et de l'action des nôtres dans le P. O. B. pour donner à celui-ci le vernis de révolutionnarisme sans lequel il ne pourrait pas duper plus longtemps les masses ouvrières.

De toute façon, le rôle que nous jouons en ce moment est excessivement dangereux et constitue même un véritable jeu de dupes, car, d'une part, nous renforçons la puissance du P. O. B. et son influence sur les masses et nous lui donnons l'appui de notre activité de propagande et d'action, mais, en plus, nous laissons croire à la masse qu'il n'y a pas entre nous de dissentiment profond et, de ce fait, nous accroissons la confusion qui règne dans les esprits et nous décourageons enfin les meilleurs et les plus actifs peut-être de nos partisans.

Pour toutes ces raisons, nous estimons que le moment psychologique est venu et que la rupture s'impose aujourd'hui dans

l’intérêt de la cause révolutionnaire elle-même et nous deman-
dons au III° Congrès des Amis de l’*Exploité* de se prononcer dans
ce sens.

Mais il va de soi, et il ne peut y avoir de confusion sur ce
point, que ce ne sont pas les Amis de l’*Exploité* qui créeront et
constitueront le Parti Communiste Belge, celui-ci se constituera
par toute la masse ouvrière belge à laquelle nous aurons à faire
appel — par un manifeste répandu dans tout le pays et que
nous renforcerons par une action de propagande intense.

Et quelle doit être pendant cette période d’organisation même,
notre attitude vis-à-vis des groupes communistes existants ? A
notre avis, nous devons faire appel à ces groupes pour une
action commune et pour une fusion aussi rapide que possible au
sein du Parti Communiste Belge *unifié*.

En même temps, nous devons nous mettre directement en rapport avec la III° Internationale pour l’édification même et la
reconnaissance du nouveau parti.

Il va de soi que le retrait du P. O. B. que nous préconisons et
la campagne que nous nous proposons de mener dans ce sens ne
s’entendent qu’en ce qui concerne les groupes politiques et que
*nous continuerons comme par le passé à rester dans nos syndi-
cats et à y militer plus que jamais en faveur de nos conceptions
révolutionnaires.*

Et à ce sujet, au point de vue syndical, la tâche qui s’impose
à nous d’urgence, *c’est la désaffiliation des syndicats du Parti
Ouvrier Belge*, qui nous permettra seule d’atteindre un double
but : arracher les syndicats à l’emprise des politiciens réformistes et permettre au Parti communiste de recruter ses membres parmi les membres des syndicats.

Est-il besoin de dire que nous n’envisageons pas l’affiliation
des syndicats au Parti communiste après les avoir désaffiliés du
P. O. B. ? Il s’agit simplement, dans notre pensée, de permettre
l’affiliation individuelle des travailleurs au parti politique de
leur choix.

Le III° Congrès des « Amis de l’*Exploité* » admit les
conclusions du rapport. Il adopta une résolution aux
termes de laquelle les « Amis de l’*Exploité* » se constituaient en Parti Communiste de Belgique et déci-
daient de se mettre en rapports avec les groupes communistes belges existants et avec la III° Internationale.

A ce moment donc, — mai 1921, — la rupture se
faisait définitive entre les « minoritaires » et le Parti
Ouvrier Belge.

VI. — La création du Parti Communiste Belge unifié (1921)

Nous avons indiqué que le III⁰ Congrès des minoritaires avait déclaré en constituant le Parti Communiste qu'il y avait lieu « de se mettre en rapports avec la III⁰ Internationale et avec les groupes communistes existants ».

C'est ce qui fut fait. Chacun des deux partis envoya deux délégués à Moscou, où ils se rencontrèrent avec l'Exécutif. Ils en revinrent avec la mission formelle de faire leur fusion et de lutter aux élections législatives du mois de novembre 1921.

Conformément à ces instructions, les conditions de l'Union furent discutées et, en septembre 1921, se réunissait le « Congrès de fusion », qui constituait le *Parti Communiste Belge* et en adoptait le programme et les statuts.

Le Parti Communiste a constitué son Comité directeur dont les membres ont été choisis à nombre égal dans les deux anciens partis. Les deux journaux, *L'Exploité* et *L'Ouvrier Communiste* ont disparu et ont été remplacés par le *Drapeau Rouge*. De même que pour la partie flamande du pays *de Roode Vaan* (le *Drapeau Rouge*) remplace les deux anciens journaux flamands.

Le Parti s'est attelé tout d'abord à une besogne de réorganisation et de propagande. Elle se poursuit en ce moment. La tâche qui s'impose à lui est ardue. Il s'agit de pénétrer dans les masses, de les convaincre d'unir leurs efforts aux nôtres, malgré la formidable déformation réformiste dont elles sont victimes. Il faut essayer de nous maintenir dans les syndicats, malgré les efforts des social-majoritaires pour nous en déloger. Il faut les « noyauter », c'est-à-dire les convertir à nos idées. Il faut surtout faire l'éducation de la classe ouvrière, essayer de lui faire comprendre, chose difficile en Belgique, que le réformisme est une impasse et que seule la méthode révolutionnaire peut assurer son émancipation.

*****

La campagne électorale ne pouvait aboutir à des résultats satisfaisants. Elle n'a nullement été, comme le prétendent les social-démocrates, représentative de notre force réelle. La III° Internationale nous avait ordonné de lutter aux élections de novembre. Nous nous sommes inclinés, quoique étant dans des conditions difficiles, qui se sont encore aggravées par la suite. Tout d'abord, le Parti unifié venait de se former. Il avait besoin avant tout de s'organiser, de commencer sa propagande. Ensuite, il était composé en partie d'antiparlementaires de tactique, simplement résignés à l'action électorale, et enfin ses ressources étant minimes — il a dû lutter uniquement avec ses propres fonds, — il n'a pu donner à sa propagande qu'un développement réduit. Ajoutons qu'un peu avant les élections, les social-démocrates se sont retirés du ministère et ont, de ce chef, retrouvé les sympathies de nombreux travailleurs qui, sans cela, eussent voté pour nous. La situation a paru à ce point difficile et les chances de succès si aléatoires, que certaines fédérations, malgré les ordres du Comité Directeur, n'ont pas présenté de candidats. Ce fut une faute. Nous persistons à croire que des candidats présentés dans les régions industrielles de Liége et de Charleroi eussent pu recueillir un nombre de voix important.

On ne peut donc dire que le résultat obtenu correspond à la force réelle du Parti Communiste Belge. Si la bataille avait été livrée avec tous les éléments *matériels* de succès et avec la volonté bien arrêtée de marcher au combat malgré toutes les difficultés, au lieu de 3 à 4.000 voix recueillies, il n'est pas exagéré de dire que nous aurions pu en obtenir plus de cinquante mille.

Quelle est actuellement la situation générale de la Belgique ? Quelle est l'action actuelle du P. O. B. ? Que doit faire le Parti Communiste et quelles sont ses chances d'avenir ?

Qu'on nous permette pour répondre à la première question de donner quelques extraits du rapport suggestif que le camarade Van Overstraeten vient de terminer en vue du prochain Congrès du Parti Communiste belge.

« C'est au cours de la crise même, dit-il (commencement 1920-commencement 1922), que la bourgeoisie de ce pays — comme la bourgeoisie de la presque totalité des pays industriels dans le monde — a le plus vigoureusement réagi contre sa mentalité de la première période d'après-guerre. Cette mentalité était faite de désemparement, de l'acceptation « d'inévitables » réformes sociales, de manque de confiance en ce qui lui restait de force. Le jeu mécanique des besoins pressants de la vie avait fait affluer dans les organisations ouvrières des contingents inconnus jusqu'alors. Ils imposèrent un certain respect à l'esprit bourgeois.

« Mais les vastes organisations ouvrières découvrirent bientôt la mollesse de leur esprit, la lourde stagnation de leur rouage bureaucratique, la faiblesse de leur initiative. Elles n'influencèrent que par *en haut*, par le contact de leurs organes centraux, complètement détachés des masses, avec les Parlements, les Ministères, les Commissions gouvernementales, entièrement aux mains de la classe bourgeoise. Celle-ci, tout en masquant souvent sa dictature, son hégémonie étroite et rigoureuse par une inopérante législation démocratique (suffrage universel, suppression article 310, la loi des huit heures, les pensions de vieillesse, la fixation des prix maxima), put conserver toute l'initiative dans l'économie et la politique. La réussite de cette tactique qu'elle poursuivit, tout en subissant ses craintes d'après-guerre, ne manqua pas de faire renaître sa confiance. Plus elle constatait chez le prolétariat un manque de force, d'audace, d'indépendance de pensée et d'action, plus l'espoir de rétablir son règne, pour une nouvelle période se réveillait en elle.

« Pendant la grande crise, la Belgique ne connut ni grève générale, ni vastes mouvements d'ensemble.

« Le jeu des commissions mixtes, les opérations mécaniques de l'index-number, toute l'autorité traditionnelle de l'opportunisme bureaucratique, ne permirent que très rarement aux masses de sortir de leur stagnation.

« Les patrons purent poursuivre sans grande diffi-
culté, sans rencontrer d'opiniâtres résistances, l'attaque
contre les salaires. Les lois sociales le plus récemment
conquises, furent sabotées dès la période fixée pour
leur application. La confiance sans cesse accrue de la
bourgeoisie, les victoires par lesquelles elle marquait
son attaque, eurent bientôt leurs répercussions dans
le domaine parlementaire.

« Quelques incidents politiques, d'ordre éphémère,
sans signification profonde, mais permettant à la bourgeoisie de cacher ses intentions et ses desseins réels,
furent l'occasion de la dissolution du ministère d'union
démocratique.

« Pour prendre l'initiative de la formation d'un nouveau cabinet répondant à ces aspirations capitalistes,
nulle personnalité politique ne semblait mieux désignée que M. Theunis, administrateur-délégué d'une
bonne dizaine de grandes sociétés industrielles et
financières. M. Theunis était de MM. Loucheur, Rathe-
nau et consorts, l'émule le plus doué que l'on pût
trouver en Belgique.

« Le nouveau gouvernement a immédiatement choisi
pour tâche essentielle la recherche de l'établissement
d'accords économiques avec les pays environnants.
L'accord avec le grand-duché de Luxembourg est
accepté définitivement. Des traités avec la France et
l'Angleterre sont en voie de préparation. Mais il est
bien évident que les difficultés intérieures énormes,
avec lesquelles la France et l'Angleterre surtout ont
à se débattre actuellement, empêchent qu'une base
d'opération réaliste ne concorde avec la rédaction toute
« diplomatique » de ces traités.

« Le traité militaire conclu entre la France et la Belgique n'est évidemment que le corollaire de leur interdépendance économique. »

*
**

Le P. O. B. a renoncé depuis novembre 1921 à la collaboration ministérielle. Il s'est reconstitué de ce chef à peu de frais, aux yeux de la masse abusée, une virginité révolutionnaire. Rejeté dans l'opposition par le dédain de la bourgeoisie, qui s'en est débarrassée comme d'un outil usé, il feint de revenir à la phraséologie révolutionnaire d'antan, alors que tous ses désirs sont tournés vers la conquête du pouvoir. Bon nombre de travailleurs prêts à venir à nous, parce que dégoûtés de la politique embourgeoisante du P. O. B., se sentent de nouveau attirés par celui-ci. Il y a là, pour nous, un obstacle sérieux à vaincre. Il y a enfin la lutte, autrefois sournoise, aujourd'hui démasquée, toujours impitoyable que nous fait le P. O. B. Lutte qui ne s'aventure pas sur le terrain des idées, mais reste prudemment dans le domaine des allusions, des sous-entendus, des questions personnelles. Lutte qui ne craint pas d'avoir recours aux moyens les plus vils, qui s'exerce par la pression économique, qui consiste à menacer de l'expulsion des syndicats, et par conséquent des avantages matériels y attachés, le travailleur qui ose affirmer son adhésion au Parti Communiste. Lutte du fort contre le faible, du riche contre le pauvre, du renégat contre celui qui est resté fidèle à ses idées.

Le Parti Communiste belge se trouve avec des moyens d'action infimes devant une tâche formidable.

pour faire pénétrer dans des cerveaux déformés par une longue pratique du réformisme l'idée de la nécessité de la Révolution sociale.

Ses effectifs sont encore réduits. Le nombre de ses militants est peu élevé. Il est pauvre et n'a pu compter jusqu'à ce jour que sur ses propres ressources.

Son œuvre immédiate est l'éducation de ses membres, la pénétration dans les masses, la conquête des organisations syndicales. En ce qui concerne ces dernières, les chefs du P. O. B. qui les dominent font tous leurs efforts pour en déloger les communistes, ils sont aidés en cela par une bureaucratie servilement complaisante. L'œuvre qui s'impose en la matière à nos amis, c'est de faire comprendre aux travailleurs organisés que les syndicats appartiennent aussi bien aux ouvriers révolutionnaires qu'aux réformistes, et que le droit strict de chacun est d'y rester pour y défendre ses convictions, dans l'intérêt du prolétariat.

Se maintenir dans les syndicats, y travailler à la diffusion des principes révolutionnaires, arracher les syndicats à l'emprise du P. O. B. en les « désaffiliant » de celui-ci, telle est la besogne dure, pénible mais nécessaire qui s'impose à nos amis. C'est par là qu'ils peuvent atteindre les masses d'une façon permanente et exercer sur elles une influence efficace.

Mais, pour cela, il faut tout d'abord que le Parti Communiste soit profondément uni. Il doit arriver à ce que la fusion *formelle* du Congrès devienne une fusion *réelle*. On conçoit sans peine qu'il ne suffit pas d'une séance de Congrès pour transformer un Parti Socialiste en Parti Communiste, ou pour souder étroitement dans un même Parti Communiste deux grou-

pes qui, la veille, polémiquaient encore l'un contre
l'autre. Seule, la vie, la pratique de l'existence, appuyée
sur des bases doctrinales solides, sur une compréhen-
sion réciproque des caractères, sur une estime mu-
tuelle peut amener la fusion réelle et agissante. Elle
est nécessaire, nous la croyons possible, nous la sou-
haitons proche et définitive.

L'union absolue entre les militants qui représentent
le Parti Communiste belge est la première tâche à
accomplir, et du succès de laquelle dépendent toutes
les autres.

La Belgique ouvrière devait passer par un long
stade réformiste, auquel la prédisposait son évolution
économique, son inculture et le tempérament propre
de sa race.

Les conditions qui ont fait vivre le réformisme montrent par leur propre développement toute son impuissance. Il apparaît de plus en plus clairement comme un stade périmé, dépassé, de l'évolution ouvrière.

La lutte prolétarienne doit revêtir par la logique
même de son développement une forme révolutionnaire. Nous avons la conviction profonde que le Parti
Communiste saura faire comprendre aux travailleurs
belges la nécessité des nouvelles méthodes de lutte qui
peuvent, seules, conduire la classe ouvrière à son
triomphe définitif.

BIBLIOGRAPHIE

I

LA BELGIQUE, SOCIALE, ÉCONOMIQUE ET POLITIQUE

B. Seebohm Rowntree. — *Comment diminuer la misère.* (Etudes sur la Belgique). — V. Giard et E. Brière, Paris, 1910.

Edmond Picard. — *Essai d'une psychologie de la nation Belge.* — Larcier, Bruxelles, 1906.

Ernest Gilon. — *Misères Sociales. La Lutte pour le Bien-Être.* — Librairie Universelle, Paris, 1889.

I. Gatti de Gamond. — *Questions sociale, morale et philoso-phique.* — Giard et Brière, Paris, 1907.

Goblet d'Aviella. — *La Vie Politique.* — Bruxelles, 1882.

Abel Gustave. — *Le rôle social du libéralisme.* — Gand, 1906.

Edmond Picard. — *Carillon de grelots progressistes.* — Bruxelles, 1884.

Dr J. Barnich. — *Le Régime Clérical en Belgique.* — Bruxelles.

Enquêtes sur la condition des classes ouvrières et sur le travail des enfants. — Lesigne, Bruxelles, 1848 (3 vol.).

Louis Bertrand. — *Le logement de l'ouvrier et du pauvre en Belgique.* — « Revue Socialiste », Paris, 1888.

De Leener. — *Les Syndicats industriels en Belgique.* — Bruxelles (2e édit.), 1904.

Brees. — *Les Régies et les concessions communales en Belgique.* — 1906.

De Leener, Wodon-Waxweiler. — *Le charbon dans le Nord de la Belgique.* — Bruxelles, 1904.

De Leener. — *Ce qui manque au commerce belge d'exportation.* — Bruxelles, 1906.

Louis Bertrand. — *Cesar de Paepe, sa vie, son œuvre.* — Bruxelles, 1909.

Benoit Malon. — *Histoire du Socialisme.*

II

LE PARTI OUVRIER BELGE

Jean Longuet. — *Encyclopédie Socialiste* (5ᵉ volume). « Le Mouvement Socialiste international », p. 99 à 133. — Paris, 1913.

Louis Bertrand. — *Histoire de la Démocratie et du Socialisme en Belgique depuis 1830* (2 vol.). — Paris.
Vade-mecum du propagandiste socialiste. — Bruxelles, 1914.

Destrée et Vandervelde. — *Le Socialisme en Belgique.* — Paris.

Huysmans, L. de Broukère, Bertrand. — *Soixante-quinze années de domination bourgeoise.* — Gand, 1905.

Jules Lekeu. — *A travers le Centre* (croquis et mœurs, enquête ouvrière et industrielle). — Bruxelles, 1907.

Vandervelde. — *La Belgique ouvrière.* — Cornély, Paris.

Dʳ J. Barnich. — *La Législation et l'organisation ouvrière en Belgique.* — Rossel, Bruxelles.

Eugène Soudan. — *Cours en six leçons sur la Législation ouvrière et sociale belge.* — Bruxelles, 1914.

La Grève Générale (Avril 1913). (Rapport du comité Bruxellois du S. U. et de la grève générale). — Bruxelles, 1913.

Léon de Seilhac. — *Le lock-out de Verviers*. — Paris, 1907.

Ernest Makaim. — *Les Syndicats professionnels*. — Bruxelles.

Rapports et comptes rendus des vingt Congrès de la commission syndicale de Belgique (1899 à 1921).

Rapports et comptes rendus des vingt-deux Congrès annuels et des Congrès extraordinaires du Parti Ouvrier Belge (1885-1921). (Aucun congrès n'a eu lieu de 1914 à 1918).

La collection du journal *Le Peuple*, organe de la démocratie socialiste de Belgique (1884-1922).

La collection de *L'Exploité*, organe de la gauche du P. O. B. (Nov. 1918-Oct. 1921).

Programme et Statuts du P. O. B.

Ch. Massart. — *IIe Congrès des amis de « l'Exploité »* (Rapport sur la situation politique générale). Bruxelles, février 1921.

Ch. Massart. — *IIIe Congrès des amis de « l'Exploité »*. (Programme de l'action socialiste révolutionnaire en Belgique). — Mai 1921.

III

PARTI COMMUNISTE BELGE

Collection de *l'Ouvrier Communiste*, organe du Parti Communiste Belge avant la fusion. (Avril 1920-Oct. 1921.

Collection du *Drapeau Rouge* (organe hebdomadaire du Parti Communiste unifié de Belgique), depuis octobre 1921.

www.ingramcontent.com/pod-product-compliance
Ingram Content Group UK Ltd.
Pitfield, Milton Keynes, MK11 3LW, UK
UKHW021256180726
13837UKWH00007B/475